北海道の子どもたちの夢と
希望をひらいた真の教育者

高島豊蔵自伝

理想学園創立者
高島豊蔵［著］

白濱 洋征［監修］

はじめに

高島豊蔵先生は平成二十九年八月一日、102歳で逝去されました。この年の三月まで現役の幼稚園園長を務めた文字通り生涯現役を貫かれた一生でした。

先生は戦前、当時日本の植民地だった樺太《からふと》（元サハリン）教員養成所（後の樺太師範学校）に学び、樺太の地で教員生活を送ります。日本が戦争へと突き進む軍国主義一色の中で、子どもの生活の中に分け入り、子どものいのちと向き合い、響き合う教育実践を積み重ねます。

敗戦後三年を経て、北海道に引き揚げて来ますが、「子どもたちを戦場に送った」自責の念から再び教壇に立つことを断念します。

戦後、教材製作会社を設立、経営者として苦闘しますが、教育への思いは絶ちがたく62歳で初めての幼稚園を、72歳で2つ目の幼稚園を創立します。その名も理想学園。教育の原点は幼児期にあり、教育の理想を求めての新たな歩みでした。

この自伝は戦争をはさんでの激動の一世紀を生き抜いた壮絶な人間ドラマであり、どこまでも子どもを愛し、そして子どもから愛され、慕われた一教育者の記録です。

生きるとは、教育とは、戦争とは、学ぶとは何か。著者は私たちにたくさんのことを問いかけてくれます。

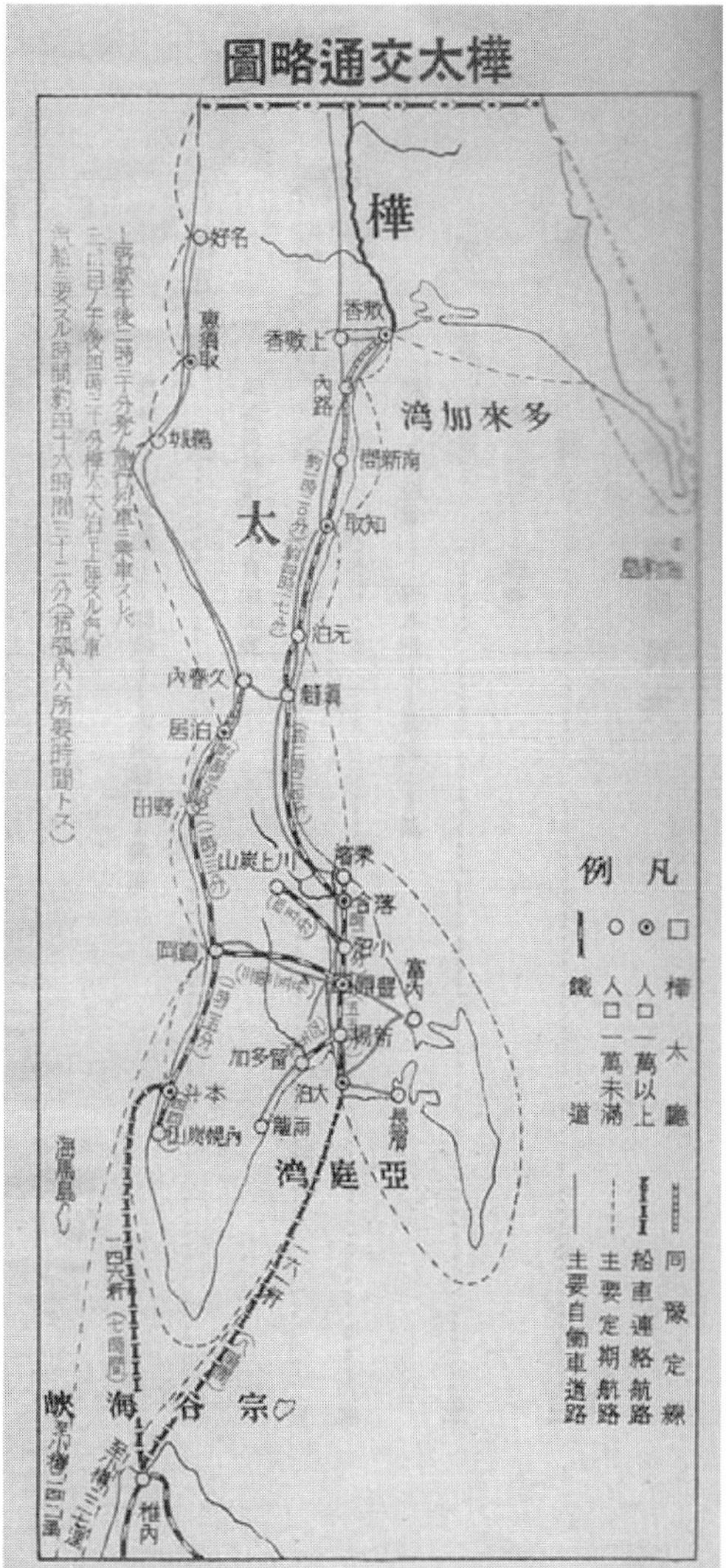

目次

第1章

幼児教育の原点をつくった生い立ち

ふるさとの自然に育てられる

私の生まれは北海道の西南、島牧です。

当時の島牧は、それまで盛んだった鰊漁も終わりを告げ、春になると大部分の人は北の鰊場に出稼ぎに行って、村は老人と役場と郵便局員が残っている状態でした。

鰊漁の盛んだった頃を物語る大きな倉庫があちこちに残っていて、倉庫には江戸時代、明治時代のものと思われる古書が山と積まれて、子どもたちの遊び道具になっていました。いまとなれば貴重な書籍も多かったのではないかと少し惜しい気がします。

当時は村には電気はきておらず、石油が夜の照明で、ランプのホヤ[1]拭きはもっぱら子どもの仕事となっていました。我が家には江戸時代の映画に出てくる縞の外套や笠、籐製の籠がぶら下がっていて明治の色があちこちに残っていました。

自然も現在とは大変な違いで、浜へ行けばアワビやウニがはっきりと目に見えるほどで、魚の泳ぐところへ糸を垂れるといったように豊かな海に恵まれ、山へ行けば、山ぶどう、こくわ、うりなど自然そのままの姿を見せていました。

1　ホヤ（火屋）ランプの灯を囲うガラスの部分

村はずれには千走川《ちわせ》が流れています。当時は橋がないので川下の方に渡し舟があり、渡し守の老人が朝から晩まで道行く人を渡していました。

大雨の後では流れが危険で、舟を出せず、雨が続いた場合は陸の孤島となり、隣村に行くにも船の便を借りなければなりませんでした。

村の仕事といえば、狭い平地を利用した農業と定置網の漁業でした。漁業は主産業だったのですが、ほんの一部の人しか仕事に携わっていなかったように思います。しらうお漁やホッケ漁は浜で処理されていましたが定置網のブリやマグロは沖で取引されていて、浜にはめったに姿を見せなかったようです。

その他の仕事といえば山からマンガンを掘り出し、馬の背を借りて村まで運んでくることくらいだろうか。山道が整備されていないので馬車は使用できなかったようです。しかし、この仕事は村人ではなくよそから来た人で行なわれていたように思います。

いま振り返ってみると生活は貧しかったが、差別はあまりありませんでした。人間としてのつきあいは現代とは違う温かさがあったように思います。

本州から、めずらしい果物など送ってくると皆にお裾分けするのが楽しく、それは村人すべてに共通する心情だったと思います。

私の父はその頃、村の農会（農業試験場）の仕事に従事し、新しい作物などの試験栽培などをしていました。農地は転々と変えられていたので私有地ではなく村で借り上げて父に農作物の試験をさせていたと思われます。家には品評会での優秀作品の賞状がたくさん貼られていました。父は真面目な研究者であったことが想像されます。

私が幼心にとても印象的だったのは、サツマイモの試作、ゴマやトマト（昔は田舎にトマトはなかった）が栽培されていたことです。


（追記）「島牧村元町について」

山が海に突き出てほんのわずかの平地に住民が住んでいます。川がつくった平地は何へクタールあるか、これも猫の額くらいといったらよいでしょう。住んでいるところから狩場岳は見えません。山は有名なブナ林の自然が残っていて、戦時中このブナの木が舟や航空機の材料として伐採されていました。

六キロメートルくらいもあろうか、観光地として有名になった賀老の滝があります。高さ巾およそ70メートルほど、融雪期は見事なものです。戦時中、この賀老に開拓者が集団で入植しましたが、寒冷と交通の不便さに永続しませんでした。

山を下ったところに温泉もあります。狩場岳には私は登ったことがありませんが、頂上からは噴火湾が見渡され眺めがよいということです。高山植物もあって、滝の近くに標本園がありましたが、あまり手入れはしていなかったように見受けられました。

この狩場岳の中腹から大量の湧水がふき出してそれが小川をなしていました。

戦後、私はここにわさび園を経営しようと青森県の十和田の視察にも行ったり、後志《しりべし》支庁とも連絡してあわびとわさびの後志名産を考えました。支庁も乗り気で融資や宣伝などの話も出て島牧村役場も積極的に動き、そして川の権利も与えてくれました。

試作の結果、水温が低すぎることがわかり、根わさびでなく葉わさびということになり、計画は失速し、札幌の仕事も忙しかったので縁遠くなってしまいました。

島牧の特産物としては、たけのこがあります。根室方面に毎年大量に出荷されます。春にはたけのこ採りで多くの人が山に入り、毎日のようにトラックで運んでいました。

教育の原点となった、幼児期

私は幼稚園の園長をするうえで、幼児期の育て方が一生を左右するという信念にもとづいてやってきました。「三つ子の魂、百までも……」がいつも頭から離れず、その心持ちで子どもたちを見守ってきたつもりです。

私は私自身の幼児期をいつも頭に浮かべながら幼児の教育にたずさわってきました。

私の幼児期はというと、体が弱かったせいか、睡眠を十分とらないと機嫌が悪く、朝、起こされることが嫌いでした。そんなわけで、両親は私を寝かしたまま、畑仕事に出かけるのが日常でした。じゅうぶん寝たら起き上って顔を洗い、用意してある朝食をとってから、私の仕事である家族の弁当を背負って畑に向かうことになっていました。小さい時から仕事を与えられないと機嫌が悪かったようです。これは九十歳を過ぎた今日も同じで、仕事もせずに一日を暮らすことはとてもつまらないことと思っています。

村の年中行事にお寺詣りがありました。春、夏、秋とお寺詣りは村の老人にとって楽しみの一つで近辺の村々から大勢の人が集まってきました。寺は戸を開けると長い土間の廊下があり、長い土間からすぐ本堂に上がれるように長い階段がありました。人々は自分の下足を適当な所に脱ぎ捨て、本堂に上がって行くのが普通でした。それをきちんとそろえて並べるのが私の趣味だったようです。いつも皆から褒められたことを記憶しています。三歳の頃のことで、その頃から人を喜ばすことが好きな性格だったようです。

それからいまでも私らしさを作ったエピソードとして思い出されるのは、友だちにいじめられて泣いて家に帰ってきた時の話です。

自分は全く悪くないのに数人の友だちにいじめられたので、そのことを親に知らせ、友だちを叱ってもらいたいのが私の本心だったと思います。

土間の一方が居間で反対側は作業場の我が家。その土間の廊下で声を出して泣いていたら、母親が「どうしたの、どうしたの」と言って私の側に近寄ってきました。私は泣きじゃくりながら友だちからいじめられたことを話しました。すると、父親が奥の方から出てきて母の手をぴしゃりと叩いたのです。母は私の話を聞くことを止めて引き下がってしまいました。

私はその後ひとり土間で泣いていましたが、その間の悪かったこと。この時以来、泣いて家に入ったこともなければ、親に友だち関係のいざこざを言ったことも記憶にありません。

私が大人になって、いろいろな苦境にたたされた時も簡単に他人の応援を頼ったことはありません。幼児期の親の態度の重要さを、このことからも考えました。

もう一つ、私の性格を決定づけたエピソードとしてあげておきます。

ある日、一番上の兄に嫁が来ました。豆腐屋の娘です。その嫁が来てからは、母は一切家事を嫁にまかせ、農業一辺倒の生活に入りました。兄嫁が家事一切を仕切っていたので、私も家では兄嫁の言う通りに従わねばならなくなりました。

兄嫁は豆腐屋の娘ですから、毎日のおかずに豆腐が出ました。私はそれがとてもいやでした。豆腐は嫌いだと文句も言うこともできず、毎日食べねばなりませんでした。母親にだったら、度重なったら嫌いだと言えたでしょうが、兄嫁にはとてもそんなことは言えなかったのです。それからいまでも豆腐は嫌いなままです。

その兄嫁から薄暗くなった夕方、村はずれの店まで石油を買いに行くように一升瓶を背負わされたことがありました。子どもの足では相当遠い道のりなのにひどい、と心の中で泣きながらずいぶん時間をかけて用を足したことがありました。兄嫁には絶対に嫌ということが言えませんでした。決して悪意のある兄嫁ではありませんでしたが、家を仕切るのにはあのくらいの心構えが必要だったのだなと、いまでは思っています。

しかし、ここから私には「嫌」と言えない心ができあがってしまったことは事実です。私の一生を貫いた弱点の一つと思っています。でも兄嫁はよその人にはいつも「うちの豊蔵は素直で決して頼みごとにも嫌とは言わない良い子だ」と褒めていたようです。

やり切る力をやしなった少年期

小学校は、全校で二学級か三学級の小さな原歌小学校に通いました。入学した時は、先生は校長先生とその奥さんの二人だけで一年生は奥さん先生でした。えび茶の袴が印象に残っています。

国語は「ハナ、ハト、マメ、マス」からはじまる味気ないものでした。現代の教科書と比べると天と地の差がある内容です。もちろん、色刷りなどあるわけなく、いたってお粗末な六年間の教科書だったと思います。

私は六年間、成績は良好な方で、通知簿に乙をもらったのは一つか二つくらいでほとんど全甲というものでした。

これには訳があります。私は生まれつき眼が悪かったのです。失明しそうな状態で二十キロメートル離れた、本目という村の病院に入院したこともあります。母の話では出産の時の処置が悪かったために眼を悪くしたということでした。

そのため、海に入ることが禁じられていました。塩水が眼に悪いからです。暑い夏の日、友だちが海で楽しく遊んでいる時も私には川しかありませんでした。川には誰もいないし海のようにアワビやウニをとることもないので、あまり川で遊ぶこともなく家にいる時間が多くなりました。

当時は読む本もなく、教科書が何よりも親しい読みものだったのです。同じ箇所を何十回も読んだ結果、それが学校の成績につながったのです。決して頭のいい部類には入らなかった私ですが、回数を重ねることが通知簿の成績を上げたのです。

これは教員となっても活かされ、劣等生を出さない理由になったと思っています。このことは町の学校でも中学校でも、大いに役立ったと思っています。

そんなことで私は村で勉強のできる子どもにされてしまいました。

ある日、校長が私の家を訪ねてこられました。用件は、私を中学校へ入れる方法がないかという相談でした。校長と村長の話し合いの結果だとのこと。生活にもやっとの我が家に中学校とは思いもよらぬことでした。

家族で話し合った結果、樺太にいる兄弟に頼ることになりました。大泊に姉が縫製所兼下宿を開いているので、そこで生活をさせてもらうことになりました。兄二人は豊原で職人として働いているので経済的に助けてもらうことになりました。私と姉とは親子くらいの年の差があるだけでなく、顔もよく知らないので内心、心細かったのですが、兄弟の計画に従うしかありませんでした。

教員への道をすすむきっかけとなった学生時代

五年半通った小学校とも別れを告げることとなりました。校長先生は別れの言葉として私が冬の猛吹雪の日にただ一人登校した時の思い出を話し、あの時のガンバリでやるんだよと励ましてくれました。

それは小学校五年生の冬の日の話です。猛吹雪で歩くこともできないほどの浜風の日でした。当時、学校に休業を知らせる方法がなく、様子を見て適当に休むのがならわしでした。私は級長だったし、なんとか登校しようとしました。とても立って歩くことができないので這って学校にたどりついたのです。校長先生もびっくりしたらしく、校内にある校長住宅に連れていって温めてくれました。

朝早く二番目の兄（栄次郎）が馬車を用意してきてくれました。荷物はバスケット一個だけ。七里（二十八キロメートル）ほどある、寿都の町まで行くのにはかなりの時間がかかります。この頃は各地のトンネルも完成し、すべての川に橋ができて、少しずつ近代化されていました。病院のある本目から先は初めて見る風景です。寿都に近い弁慶の岬を通ったのはもう夕方近くでした。

　初めて見る町、まず驚いたのは、街灯が一斉についたことです。だれがあの電信柱に灯をつけたのだろう。しかも一斉に。懐中電灯すら知らない田舎者にとって理解できない出来事でした。だれかが一斉に柱に登って灯をつけたのだろうかと思いました。

　その次は汽車です。寿都駅についた時、駅には汽車はありませんでした。上の兄は汽車に乗った時の注意をしてくれました。動く時はしっかりつかまっていないとケガをするぞ、と。いままでは乗り物といえば、馬車と自転車しか知らない田舎者です。

　やがて機関車が音をたてて入ってきました。なるほど、兄の言うようにしっかり掴まらないと危ないなと思いました。機関車を馬と連想したのです。あの煙を吐いている黒い煙突に掴まるんだなと考えた

大泊の市街地と市内にある神楽岡公園

大泊招魂社

大泊港桟橋へと続く鉄橋

大泊官庁街

のです。やがて機関車が車庫から客車を引いてプラットホームにやってきました。すぐ上の兄が一緒に客車に乗りました。何と立派な部屋だろう。そこで初めて私の考えが間違っていたことがわかりました。出発の際、どしんと音がして動き出しました。兄の注意したのはこの時のことなのかと、少し余計な注意だったような気がしました。

　初めて知った世界。それは一生忘れられない思い出となりました。

　姉の家は真新しい二階建てで一階は裁縫、二階は下宿になっていました。付近はにぎやかな下町で、映画館や娯楽場が軒を並べ、料理店がひしめいていたのも開拓地独特の風景なのでしょう。姉の家には二、三十人の弟子がいて料理店の女衆の衣裳を裁縫し、この代金が授業料となり経営資金になっていたようです。

初めて会う義兄。田舎者の私は厄介者だったに違いない。でも到着した翌日、大泊小学校へ入学手続きに連れていってくれました。小学校は、なだらかな傾斜地に何段にも教室が建てられた大きな学校でした。六年生だけでも百人近くいたでしょうか。田舎者の私にはとても驚異でした。やることすべてが島牧の小学校とは違っていました。

唱歌は音楽室で行なわれ、立派なピアノがありました。ピアノの音を聞いたのも初めて。島牧には鍵盤の壊れたオルガンが一つ、音が出ないところは校長の声が肩代わりします。それが調子外れなので皆が笑います。それで校長は怒って職員室に引きあげてしまいます。級長の私はいつもこんな時は謝り役をしたものです。

体操の時間の跳び箱には参りました。島牧には跳び箱などなかったので、私には至難の業でした。

私にとって大泊小学校はとても辛いところでした。なにせ島牧言葉（浜言葉）が笑いの種になったのも辛いことでした。休み時間はいつも外に出てゴミ運びのトラックを見るのが楽しかったです。学校の片側が凹地の谷間で町のゴミはここに捨てるのでトラックがいつも動いていました。そんなことで、小学校生活は何をしたのかあまり興味がもてること

大泊中学校

のないまま終わることになりました。

そして大泊中学校へすすむことになりました。中学校の試験はさほど難しいものではありませんでした。中学校の方は町慣れしたせいもあって楽しく通うことができました。一番苦労したのはなんと言っても跳び箱。学校が終えて一人、一心に練習に励んだのですが、落ちどころが悪く骨折で学校を休んだこともありました。

校舎は日露戦争後の軍の兵舎の一部を新築した講堂など、戦後を思わせるものでした。学校の周囲は殺風景で火山灰地の緩い傾斜地にありました。私たちは裏山から白樺や、とど松を掘り返して移植したものです。

中学校では、何と言っても良い先生に恵まれました。樺太庁の施政方針が教育第一だったことにもよりますが、日本中から優れた先生を集めたということでした。

「鉱物にも命があるんだよ」と水晶の話をした生物の高橋先生、当時はまだ一年生だったのでその意味がよくわかりませんでしたが、年をとってそのことが段々とわかってきたように思います。

「これだけはしっかり憶えておけよ」と手製のカード、四、五〇〇枚もあったろうか、受験生の私たちに貸してくださった数学の先生。後の教員講習所の試験はほとんどその中から問題が出ていました。国語の先生の答案の書き方、その他、地理、歴史などいまもその指導ぶりを思い出し、活用しています。本当に先生方には感謝の気持ちでいっぱいです。

話は入学当初に戻りますが、一年生の一学期の終わり、廊下に期末の成績表が貼り出されました。私なんか二〇〇人のビリだろうと思っていたのに、何と三十六番目だったのです。思いもよらぬ好成績に私は感激し、勉学に励むようになり、二学期以降、一〇番内に入るようになったのです。

楽しい中学生活ではありましたが、大恥をかいた苦い思い出もあります。

それは中学一年の時です。各学年から代表で学校の弁論大会に出ねばならないことになったのです。誰も希望者がいません。これでは一年生の任を果たすことができません。何回、会合を開いても手を挙げる者がいないのです。何の自信もないのですが、あまりにも哀れに思って手を挙げてしまったのです。

幸か不幸か、私が入賞してメダルをもらうことになりました。このことがあって、とうとう五年生まで弁論部に入れられ五年生の時には部長となり、中学校の弁論大会は代表として演壇に立つことになってしまったのです。

これが人生第一回目の大恥のきっかけとなります。なにせ、五年生は受験勉強で夜もロクに寝られない毎日です。弁論どころの話ではありません。ロクに原稿の暗記をせずに登壇してしまったのです。しばらく話しているうちに、原稿をすっかり忘れてしまったのです。黙ったまま数十秒。ヤジが飛び出しました。そうなるとなおさら、わからなくなってしまいました。

その時の恥ずかしかったこと、一生忘れられません。学生だったとはいえ、あまりにも大きなショックでした。しかし、私のその後に大きな教訓として活きることにはなったのです。

教員講習所での思い出

昭和六、七年は日本の大不況時代。失業者が多く生活水準も最低でした。

そんな折、教員講習所の募集は、食費、授業料不要、そして卒業すれば教員は他の職種と比べ高給の待遇。全国から応募者が集まりました。大泊中学校では成績優秀なものだけ受験させるといった状態でした。

私たちの前の年まで大泊中学校の講習所関係の先生によって出題されていたのが、他の学校から公平を欠くという意見が出たらしく、樺太庁の責任で出題、採点となったのです。

幸いこの年は大泊中学校からは受験したほとんどの十二名が合格。合格者全四十人の三十パーセントを占める好成績でした。

すぐれた大泊中学校の先生のお蔭です。私たちはとびあがって喜び合いました。先生方も学校の名を上げてくれたと大喜びでした。

樺太以外の中学といえば北海道、青森、岩手、福島、東京、静岡等々、遠くは島根県まで、各県から集まっていました。それから一年間、楽しい寄宿舎生活を送ることとなりました。

友だちは本当に大事だと思います。教員になってからも力になってくれたし、終戦後も一生を終えるまで良き友としてつきあってくれました。北海道教育大学の学長を長年つとめた岡路君をはじめほとんどの友だちはそれぞれの分野で名をなしてこの世を去っていきました。

教育実習の時の話です。実習生として一カ月、ある中学校へ出向きました。担当は一年生、中学校の時の弁論の失敗もあるので、十五分の時間を完全に果たそうと何度も何度も暗誦もし、万全を尽くし修身の授業をはじめたのです。

ところが、どうしたことか最後の五分のところを真っ先にしゃべってしまったのです。そうなると続きません。二十名位の先生方が私の授業を見ているのです。子どもは騒ぎ出すし、処置の方法は考えてもいません。四十分の残り時間、気の狂わんばかりの苦しい長い時間でした。

反省会の時に頭を下げっぱなしで謝りました。校長室に行き、校長に「もう一度、時間

樺太師範学校・豊原市

を与えてください」と頼みましたが、「実習の研究会は一回で終わり」と言って許してくれませんでした。このことがあってから、私は人前で話すことに消極的となり、自信のないことは話も遠慮するようになってしまいました。

その時のせいか、いまでも保護者などに話す時は話の項目を黒板に書いて、その順序を見ながら進めています。あれからもう七十年以上もたっているのに。

第2章

戦時下の教師生活〜いつも子どもの中に

落合第二小学校

最初の赴任は落合第二小学校。実習の失敗から相当、奥地に追いやられると思っていたのです。ところが赴任した先は、豊原から汽車で一時間ほどの工業の町です。喜び勇んで早々と着任しました。

この学校には六年生の時の教生だった先生もおられ心強かったです。荷物は行李一つと布団だけで皆に笑われたことが忘れられません。担任は四年の男子。十八歳の青年教師が楽しい教師生活のスタートを切ったわけです。

昭和八年、それは不況のどん底の時代です。欠食児童が各クラスに何人かいました。その頃、樺太庁長官の甥にあたる今村勤という先生がおられました。昼になると欠食児童を使って自分の弁当を運ばせるのです。欠食児童には奥さんの用意してある昼食を食べさせる、という図式です。不足している教材、色や紙なども皆にわからないように渡しているのです。私は今村先生を手本にしようと考えました。

私は下宿ではなく公舎で自炊生活をしていました。それで勉強会と称して夜分、欠食児を含め十数人の子どもたちを集めました。米は俵で買いましたが、私の給料からいうとそ

落合町《おちあい》

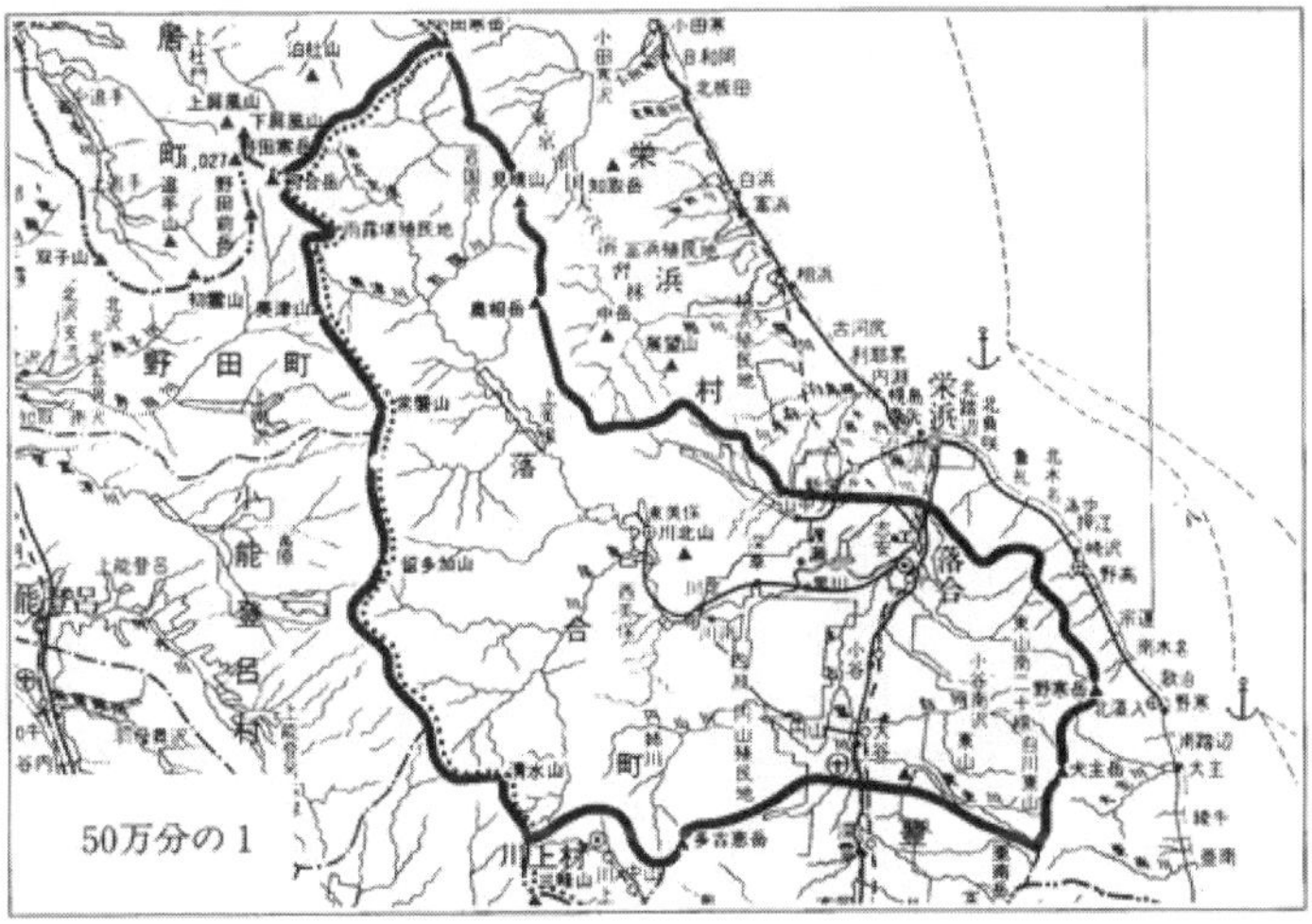

◎落合（おちあい）――――落合町

１．語　源　・古地名はアイヌ語シアンチャで顔の下部をいうが、伝説か地形によるものか判然としない。
　　　　　　・タコエ川とオンネナイ川との合流点から命名。
２．露　領　ガルキノヴラスコエ。
３．現　在　ドリンスク。駅ドリンスク。
４．道　路　大泊 86.4、亜宝 5.7、小谷 6.6、志安 1.1、黒川 7.9、栄浜 10.1。
５．鉄　道　・大泊港 84.8、新栄浜 9.2、小谷 6.1、古屯 329.6。
　　　　　　「開業1911年12月17日（明治44）」
　　　　　　・栄浜 10.3。

落合第二小学校

んなに高いものではありません。皆で山から蕗を採ってきて魚や馬鈴薯と一緒に煮付けたりして大勢で食べることが美味かったのです。日曜日も子どもたちを集めました。子どもと一緒に行動することがとても楽しかったのです。

一方、子どもと一緒に教材製作にも励みました。これは教員講習所の頃、スイスの教育実践家として知られるペスタロッチの教育に心酔したことから取り組みました。ペスタロッチは教育は何よりも実体験を第一に重視していました。この研究、製作を九年間続けました。そのスタートが子どもたちとの共同制作からはじまったのです。

次第に、授業にも慣れてきて次は家庭訪問の実行でした。

一般的には年一回、定期的に行なうものでしたが、私は暇さえあれば家庭訪問をしようと心懸け

全島一を誇る落合町の高岡養狐場

落合町の中心街、遠景は王子製紙落合工場

落合町警察署

落合町役場

たのです。通り一遍の話題ではなく、ぶらっと出掛けて行ってはその空気に溶け込むことが目標でした。しまいには、どこの家も我が家という親しみのある家となり、よそよそしいことは一切なくなるほどでした。

やがてこの組の子どもたちが大勢、国や社会を動かすようになったのはこうした親と教師の交流が功を成したのだと思います。

当時、日本を代表する国語教育の大家である、芦田恵之介先生を樺太教育が招いて各地で研究会を開きました。私は校長の許しを得て先生の後をついて数会場を回るほど、芦田式教育に心酔したものです。今、幼稚園でもその教育法で子どもたちの保育にあたっています。

このように、私は心から教育を楽しみました。しかしだんだんと戦争の影が忍び寄ります。

学級は四年五年と持ち上がりで二年間を過ごしました。昭和十年には公舎を出て学校のすぐ近くの家に下宿することになりました。私の自炊を見るに見かねての誘いだったと思います。その家に何カ月かお世話になり、三年目の四月に軍隊に入隊することになります。四月から八月までの五カ月だったと思います。短期現役兵です。二等兵から一カ月毎に昇級し、営内を出る九月はじめ伍長という下士官となるわけです。

入隊の前日のことです。下宿先の母親が私に真顔で頼み込んできたのです。それは長女のことで、まだ子どもなんだが、私を好いているというのです。自分のおやつも先生へと、食事についても常にあなたのことを考えて口出しするので、将来、嫁にすると約束してくれまいかということでした。

まだ十四歳くらいの高等科生。家庭の事情で女学校へは進められなかったようですが、生徒会の会長を務め、陸上競技の選手としても学校を代表する優秀児で顔、容姿も秀でていました。

とっさの話でしたがまだ先の話だし、ひとまず応諾することにしたのです。あとで母親から娘がとても喜んだと聞かされました。そして翌日、入隊。除隊したら私が女学校へ入れようと勉強をしっかりやるようにと言い残して出発しました。

軍隊には週に一回は便りがきました。相変わらず小学生のような文面です。父がどこへ行ったとか母が姉妹の着物を縫っているとかいう類のものでした。八月になってから訳のわからぬ手紙がくるようになったので、おかしいなあと思っていました。帰省してわかったのですが、親が料理屋をはじめたのです。料理屋といっても売春宿です。当時はどこの町にもあった職業の一つで、世間的にはあまり評判の良くない職業でした。この外に周旋屋という職業紹介所もありましたが、これもたいてい人身売買の仕事だったのです。

帰宅した家には爺さんと小学生がいて、一日に何回か来て食事など用意していましたが、家庭内はバラバラの状態でした。母親が言うのに、娘は「こんな商売をしたら先生の嫁にはなれない」とくやしがったそうです。それっきり私と会おうともしませんでした。


教員になって四年目の冬、校内に面白くない風評が流れてきました。

それは先生方の奥さん同士のいざこざです。私の主任の奥さんは後妻でした。先妻の子どもさんを苛めるという、うわさ話です。校長、教頭の奥さんが中心となり他の人たちを巻き込んでいたようで、主任の家庭は暗い毎日のようでした。主任は、奥さん連中の仕打ちに弱り切り仕事が手につかないというのです。

あまりにも気の毒だったので、放課後の職員室で校長、教頭を相手に攻撃したのです。校長や教頭は率先して職員間の融和をはかり教育の実績をあげるのが本業であるはずなのに、皆がこぞって主任の奥さんを窮地に追い込みそれを傍観しているのは納得いかない態度ではありませんか。私は主任の心を思い学校のためにと思って発言したのでした。

しかし年度末のことでもあり、このことがあってか、四、五日後に私に転勤の辞令が届いたのです。聞いたこともない地図にも載っていない山の中の二学級の小さな学校でした。誰もが感じていたのは、あの仕返しだということでした。

私は気持ちのやり場もありませんでした。学務課に行くと、一通りの説明をしてくれました。吐鯤保沢《とこんぼざわ》小学校の若手教員が急に退職して補充に困っていたところ、君のことを校長から聞き、良い幸いと発令にこぎつけたというのです。

校長との口論のことも話しました。「喧嘩両成敗はいいとしてその正否も考えず若い者を敗者にするのは教育界にあってはならないことではないだろうか」と反論しましたが、「動かしやすいのは若い者で、校長ともなればなかなか簡単にはいかないものだ」とも話していました。

「しかし、若い時の経験として思い出に残るような生き方をしてみるのも大切だ」とも説得してくれました。こうして私は青春を苦汁の道へと歩むことになったのです。

いよいよ決別の日がやってきました。校長室に全職員が集まりました。

「私はこの学校が大好きです。先生方も随分、好意をもって指導してくださいました。思いもよらぬこの度の転勤、しかも行き先が地図にもない全くの山の奥のようです。私にとって大変な試練であり、これを乗り越えることは容易なことではないと思います。しかし発令になったからには行かねばなりません。離れても今までと変わらぬ御指導をいただきたいと思います。四年間、有り難うございました」とこんな趣旨の挨拶だったと思います。

ここに思わぬことが起きたのです。一隅から女の先生のすすり泣く声が聞こえてきたのです。それがこの会の雰囲気を一変させてしまったのです。この先生はまれに見る美人で道行く人も振り返るほどでした。汽車に乗ると一斉に視線がこの先生に向けられるのです。その先生が涙を流しすすり泣きです。会を終えると仲間の連中から、君とは恋愛同士かと聞かれたが、「いや」と答えるしかありません。身分が違うと思うほどの麗人なのですから。

しばらく時が経ってから、この会でのことを御礼を交えて話し合いました。とても気の毒で私の話を聞いていられなかったこと。山の中へ一人、旅立たせるには。

翌日は誰にも告げず、早朝の汽車で任地に向かおうと決めました。出発の朝、駅には幸い顔見知りの人もなく、大型トランクの影になるようにして落合の駅を出発したのです。

吐鯤保沢小学校

この年は暖冬で春先は雪崩がひどく、多くの人が犠牲となりました。車窓からも波打ち際まで押し流された民家が何軒か見えました。西海岸でも本斗管内が一番ひどかったようです。早朝、落合駅を出たのに本斗に着いたのは夕暮時でした。駅には村の有志が馬そりで迎えにきてくれていました。

本斗の町を二キロメートルくらい南下したところに川が流れ、その対岸に小高い崖の山が海に突き出ていました。吐鯤保とは海に突き出た山というアイヌ語だとあとで聞きました。この川の奥が吐鯤保沢で、崖の狭った細い道を通って五キロメートルほどいくと、ぽつぽつと家が見えはじめました。

そして道の右側に誠に哀れなオンボロの校舎、これが私の職場なのか、いまにも倒壊しそうな建物でした。

さらに一キロメートルほど上に登ったところに部落会長宅があり、隣の物置の一隅を仕切ったところが我が住まい。この度の雪崩で建物の一部がこわされ雪崩の通路になったとかでまだ修理もしていなかったのです。寂しさが一段と増してきました。

落合の町の大きな学校からこんなひどい境遇に。人は、大きな失態で左遷されたことを想像するだろう。落合の兄弟は何と思っているだろうか。私は眠ることができませんでした。一晩中、裏山から鳥か獣かの声が聞こえて、なお眠りの邪魔をしていました。

翌日、校長が私を案内して本斗の官庁回りです。まず支庁で視学官に挨拶。視学官は真岡支庁長に紹介し終わって産業課長に挨拶。何で産業課長に挨拶するのかと不思議に思い、後で聞いてみると、校長からこの村は手のつけられない乱れた部落で、産業上、いつまでも放っておくわけにはいかないので、まず青年への教育から、ということで教育に力を入れているのだとわかりました。役場そして本斗小学校へ。ここでは岡路君が教鞭をとっていたので、その後の私の行き先にも大きく左右することになったのです。

間もなく、新学期が始まりました。私の歓迎も含めて盛大な入学式となったのです。各家庭が腕をふるって御馳走を用意し、一升瓶の酒が机の上に何本も並べられて、たちまち盛大な宴会場となりました。私が酒が呑めないと断ると、大へん不機嫌な顔をした人もいたのを思い出します。

担任は一年生と五、六年生です。読みも書きも全くなっていませんでした。

四月のある日、隣村の上内幌から長々と手紙が届きました。親友の佐藤章吾君です。上内幌は直線ではすぐ隣ということになるが、その間には幾重にも山があり海岸沿いに行かねばなりません。そうすると近いようで結構遠い隣村なのです。

短気を起こすんでない。すべて時が解決してくれるからと私の心境を察して、親身の便りでした。彼らしくない長文に私も胸打たれるものがありました。佐藤章吾君といい、岡路市朗君といい、本当に良い友だちをもって、この苦境を乗り切ることができたのです。

日曜となれば、岡路君の家に出かけました。彼はあまり体が丈夫でなく『生命の実相』を読んでは健康を思い、勉学に励んでいることを窺うことができました。彼は広島の文理大をねらっていることを話していました。そんなこともあって、私も谷口雅春の『生命の教育』を読みひたるようになったのです。

こんな日々を過ごしていた時、一冊の本が私の考えを大きく変えたのです。

それは賀川豊彦の『一粒の麦』という本です。一青年が一粒の麦となって、村を興すというキリスト教の信仰書でした。環境はまったく私の立場そっくりだったのです。「よしやろう」私のいままでの落ち込んだ空気は一変しました。そして、村の青年に私の宿に遊びにくるように伝えたのです。

青年は日に日に数を増してきました。女子も増えてきたのです。夕方になるとぞろぞろと集まってくるのです。雑談あり、希望あり、次第に青年団のこと、農業振興のことなど話は日増しに熱気を帯びてきました。

私も放課後は鋸と金槌を持って各戸を回りました。雪の入るような鶏舎を修繕することからはじめました。春ともなれば、暖気となり幸い鶏も卵を産みはじめてくれました。そしてそれが私の鶏舎まわりの効果だと、お世辞も手伝って褒められるようになったのです。そして子どもの教育の方も熱が入ってきました。来たばかりの時のような私ではなくなったのです。

落合時代に学んだ芦田式の国語教育が効を奏してきました。

指導方法を、順番の方式へと変えてみました。それまでの挙手の方法は挙手しない子どもには刺激にもならず責任もないが、順番にすると必ず自らに回ってきます。自分の分だけでも勉強せねばなりません。そこに特別指導も加わり、児童もいままでとは違った環境ができてきたのです。

たまたまその年は全島あげての国語教育の研究年だったのです。各町村から国語の研究者が一堂に会して自校の研究発表をするのです。その中から支庁ごとに一名、代表として樺太庁の首都、豊原に集まり樺太の国語についての研究討論がはじまるのです。最も優れた者一名が島外に研究視察に選ばれる仕組みになっていました。もちろん、経費は樺太庁がもってくれます。

私は一人も読めない書けない児童のいない学校への取り組みについて、農村の実践例を発表しました。当時、一割の落ちこぼれは当然のこととして一般的に認められていた時代です。幸いにも私が本斗支庁官内を代表して豊原に向かうことになったのです。忙しい毎日が続きました。

青年団も官内一を誇る模範的な存在として町役場、支庁が色々な面で支援してくれるようになりました。一番喜んだのは親たちだったようです。青年が勤労奉仕に出かける際、たまたま不在の時、親が代わって出勤してくれるようになったことでもわかります。

青年団服は全員、新調し腕章は赤地に白の神撰麦畑青年団と染め上げ、さらに樺太神社より「神撰麦畑」経営の依頼まで下るような名誉をになうことになったのです。青年指導者として私は明治神宮へ樺太代表の一人として奉仕と研鑽に出かけることとなりました。

ひどい校舎へ度々、支庁長や町長がみえるようになりました。産業課長ももちろん来てくれて吐鯤保沢の振興について色々と考えていることを話してくれたのです。養鶏の盛んな村となりました。支庁では牛を考えているようでした。

学校も青年もそして村の大人たちも活動的となったことは申すまでもありません。私も豊原の研究会も無事終わりました。

樺太庁から視学官がわざわざ山道をわが校まで足を運んで、その実際を調査してくれたのです。一人一人の読みと簡単な文章の書きとりでした。もちろん全員合格でした。

翌々年は国史の研究会でした。私は例の通り実際の行動を発表しました。まず国史に出てくる史蹟の探査、絵画写真の収集です。絵画と写真は大判のボール紙に貼りました。その数、数千枚です。中に本斗の古川町長が私の作業に共鳴してくれて大判のボール紙を百枚、私に寄贈してくれたのも忘れがたい思い出の一つです。夏休み、冬休みはいつも史跡めぐりで、これは落合時代からでした。国史教育の研究会には事情の許すかぎり出席しました。

鎌倉、大阪、京都、当時の歴史教育家の講習会はできるだけ出席しました。豊原の会場に大判の作品を披露して実演を試みました。こんなわけで、三年間の吐鯤保で、二十回も豊原（中央）まで選出されたのは幸運だったと思います。

私にとって忘れられない吐鯤保沢の思い出の一つは、観客たった一人の運動会です。それは、部落対抗の薪切り競争です。一部落五、六軒、総動員で所定の薪を切るのです。頑強な男たちは薪を切りそして割ります。女や子どもたちはその割った薪を学校の一隅に積み上げるのです。前の晩は、どこの家からも鋸の目立ての音が聞こえてきました。

部落全員が動員されるので観客はいないのです。ただし、たった一人だけ来賓席に観客がいました。それは本斗町長でした。部落総動員の薪切り競争は真剣そのもので古川町長も大喜びでした。

「町長さん、これで今年の冬の仕事が終わりました。薪代を街に請求させてもらいたいのですが」と町長に冗談も交えて話しかけたら、町長は笑いながら首を縦に振ってくれました。私の企画した運動会の種目でこれほど面白かったことはありません。部落ならではの運動会でした。

吐鯤保沢の生活は三年でした。

たまたま春の農繁期の休業を利用して大泊の姉を訪ねました。その中に最近、離婚して裁縫で身を立てようと熱心に学んでいる女性がいました。姉も感心な女だと褒めていました。私はまだ話したこともなかったが感じもいいし、姉に結婚相手にどうかと話しかけました。姉は「出戻りだよ」とも言ったり、「腐っても鯛は鯛だから」とも言っていました。

気の早い姉はその日のうちに本人にその話をしたようです。

翌日、母親を伴って姉のところにやってきました。「こんな娘でよかったら」とその場で話がまとまりました。私はまだ一度も話したこともないのです。姉が気をきかして「二人で映画でも見てきなさい」、と私たちを送り出しました。

あまりにも急なことで、映画を観て、ろくに話もなく帰宅し、私は翌日、吐鯤保に帰校という、いたって簡単な行程でした。あの女なら苦労もしてきたことだから吐鯤保の田舎でも勤まるだろう、と一安心したのも束の間、彼女は病になり小樽の病院に入院したという知らせがきました。早速、入院費用など送り全快を願ったのですが、精神的な病らしく、婚約が重い負担になるという悲痛な文面で、婚約を破棄してくれるようにとの内容の手紙が届いたのです。

どれほどのことかわからなくなりましたが、何よりも健康が大事と心ならずも婚約解消の返事を書き送るしかありませんでした。そしてそれっきり文通もなく全くの他人となってしまったのです。

その年は吐鯤保に異変が起こりました。バッタの大群が部落をおそい、野菜を食い荒らして次の部落へ渡っていきました。

そして、前後してドブ鼠が音をたてて、部落を通過したのです。私の家はドブ鼠に占領され、布団の中にまで入ってくるほどの猛烈な数でした。町では到底、経験できないほどの出来事でした。

環境にもすっかり慣れて町のことをあまり考えなくなって三年、北風にもかすかな春の訪れがやってきた三月の末、思いがけなく、私のところに転任の通達がありました。北緯五十度、国境線に近い軍都上敷香へです。

部落では騒ぎとなりました。部落が活気づいてきた矢先のことです。有志の何人かが町長のところへ相談に行ったようです。なんとかこの発令を撤回してもらう方法はないかと。

その時、町長は本人にとっては大栄転でもあるし、そのことを考慮し、何年かしたらまた戻ってくるように働きかけることで引き下がってもらった、とある有志の話でした。

この年は雪の量が多く、真岡と豊原を結ぶ豊真山道は交通途絶。汽車も当分、運転休止の状態となってしまいました。したがって、いったん稚内に渡りそこから再び大泊へ向かうしか方法がありません。

部落では家族総出で連絡船まで見送ってくれました。部落の馬そりはほとんど残さず動員することになったようです。有り難いことです。たった三年のつきあいでこんなにまでしてくれるとは、連絡船からそれを見て、私は涙が出るほどうれしく思いました。

落合で逃れるようにして別れたのと比べ、このようにして本斗の港を汽笛と共に離れました。

上敷香《かみしきか》小学校

上敷香――それは軍都旭川と肩を並べるほどの師団のある街です。世界の雲行きが悪くなり、各国が軍備に奔走していた頃の街です。飛行場を備えた堂々たる兵舎が並んでいました。

軍人の子弟の通う小学校、それだけに樺太庁も教育について配慮せねばならなかったのでしょう。すでに支庁長が交替になり、元本斗支庁長が敷香支庁に配転されていました。

校長も教頭も替わりました。職員の大半が他に配置換えとなり、若手の優れた何人かが踏みとどまるという大移動でした。

同期生二人一組、何組かが計画的に配置されたようです。

国境の玄関口、上敷香町

私たちは同じ本斗管内から親友の佐藤章吉君が組み合わされていました。すぐ前支庁長の差し金だと感じました。佐藤君は軍事教練の中学校教師の資格をもっていて、青年指導で支庁長のお気に入りだったようです。

話は元へ戻りますが稚内から大泊へ。大泊で姉のところに一泊、翌朝、北に向かって東海岸を汽車が走る。途中、落合を車窓から眺める。すべてが懐かしい。劇場もそのまま、学校の一部も見えました。教え子たちや父兄の面影を追いながらさらに北へ。敷香に着いたのは翌日の朝だったように記憶しています。まだ上敷香へは汽車の便が悪く、定期の馬そりに乗って上敷香まで北上しました。その時の感じは地球の端に来たというものでした。停留所から学校はすぐでした。

もう大部分の先生は着任し、残るは佐藤章吾君、一人だけ、校長も教頭も初顔合わせのようでしたが盛んに校務に専念しておりました。

選ばれたという責任感もあってか、毎日が真剣そのものでした。当直室は毎晩、若い先生の集会所となっていました。十二時近くまで話のはずむことは珍しいことではありません。

ある晩のことです。家に帰ったが、興奮収まらず、眠ることができないので思い切って学校に行き、クラスの仕事をしようとしたら遠くの教室に灯がついているのです。コトコトと音がするので行ってみると、私たちと一緒に教育の話に花を咲かせた後輩の仲間でした。私と同じく眠れないので仕事にきたというのです。まだ大戦前だったが、だんだん雲行きが悪くなりつつあった時です。師団長や参謀をはじめ軍関係の子息が日を追って増え、校舎も増築されました。

ある日、私は校長室に呼ばれました。何の用かと思いながら部屋に入ったところ「北大に行かないか」という突然の話です。樺太庁からの推薦で官費で大学に入るという優遇措置です。確か年に一人だったと思います。

「君がいいというなら、決定するように口約束ができている」というのです。こんな素晴らしい話はめったにあるものではありません。しかし私の担任している子どもは五年生の女子です。六年を持たないのは可哀想だということが頭をよぎりました。学校も楽しいし、この生徒たちのことを考えたらお断りするしかありませんでした。後でわかったのですが、私が断ったので同期の石蔵君が北大に入学していました。彼は後に指導主事として北海道の教育に貢献することになったのです。

このような経緯で私は二年目は六年女子を持ち上がり、やがて私にとってはなくてはならない間柄となり、今もなお大勢の女子と親しくつき合っています。三年目からこんどは毎年一年生の担任となります。

三月になると校長室に軍の奥さん連中が入って行きます。新年度一年生の父兄となる人たちで、一年生の主任は私にという願いでした。結局、三クラスの主任として二年目もまた三年目も例の通りで、校長も私に「万年一年生を覚悟した方がいいぞ」と言われたものでした。私としては高学年を持ちたかったのですが。

佐藤章吾君の長女もこの時の生徒で、可愛い服装で机についていたことを今もはっきりと覚えています。佐藤君には色々と世話になったし、学校で私が先生方と意見の対立があった時もいつも私の味方となってかばってくれたものです。

ある日の午後、真面目な顔で私に結婚をすすめるのです。当時としては、私は結婚の遅い方でした。

「今度、着任した後出先生はどうか、君が良いなら俺が話を進めるから」というのです。それで、彼の言う通りに返事をするとすぐ彼は直接、その日のうちに交渉をしてしまいました。そして、これもまた簡単に翌朝、承知の返事が届いたのです。

いつものように話は決まるのだが、後が悪い。この時もまた敷香の病院に入院ということになるのです。人の運命というのはおかしなもので、どうして同じような道をたどるのだろうと不思議でなりません。

北緯五十度の冬はひどく寒い。教室の特大のストーブ二台を真っ赤に燃やしても部屋が暖まらない日が何度もあったし、夜ともなれば立ち木が割れる音がして、何となく物淋しく感じられたものです。零下四十度の経験もあり、生徒を下校させたこともありました。昼は午後三時頃、もう暗くなるし、北の果ての感じを強くするものでした。その反対に夏は夜九時頃になっても外で新聞が読めるという北国独特の地理的現象も本州で考えられないことの一つでした。

原っぱ一面に咲いている柳蘭、崖に咲き誇っていたミヤマオダマキ、春には可憐な花を咲かせ、秋には真っ赤な実をつける北国では数少ない果実のフレップ。寒々とした北の果てにも忘れることのできない懐かしい光景があります。

退院した家内も次第に健康を快復し、大泊の姉や豊原の兄も参列して昔ながらの結婚式も終えることができました。

仲間の異動も多くなり、教員にも召集令状がくるようになり日一日と戦争の気配が色濃くなってきました。親友の佐藤章吾君も軍事教練の資格をもっていたので他の青年学校に転任になり、男子教員も次第に女子に替わっていきました。

私は学校の質が低下してはならないと、前にも劣らぬ教授法や教材の研究に力を注ぐ毎日でした。私の教材製作は相変わらず続けられ、視察に来られた視学から日本一の教材、研究者にとおだてのお褒めもいただきました。この時の視察が後の文部省関係の仕事につながる結果となったのです。

私は一年生の担任だから授業には支障をきたすことはありません。けれども高学年、特に高等科の担任は学問はそっちのけ、毎日、松精油の作業で山に行かねばなりません。飛行機の燃料となる油を松の葉を蒸して援助するのです。食料もだんだん苦しくなってきたので、山草を採取して煮る仕事は妻の仕事、それを乾燥して冬に備えるのです。食料になる山草の本を買って読みふけることもありました。

そうこうしているうちに昭和十九年を迎えます。その年の樺太の教育研究は地理でした。

結婚写真

私はこれで三回目の研究大会に出ることになります。

「世界の交通」といった内容の発表でした。ドイツの道路の整備、ソ連、アメリカの航空網など、当時の各国の交通に対する関心をどう教育に反映させるかといった内容だったと記憶しています。幸いに私が選ばれて本州の視察に出かけることになったのです。もう食事付きの宿がありませんでした。食事抜きでただ泊まるだけの宿なのです。三度の食事にも困るような本州の食糧事情だったのです。この私の視察が樺太の最後のものとなってしまいました。

抑留と混乱の中の引き揚げ

そして昭和二十年八月、軍関係の家族は次々と本州に引っ越していくようになりました。軍のある奥さんが小声で家族を北海道に疎開させたらと耳打ちしてくれましたが、私はまさか敗戦になるとは思っていなかったのであまり気にもしませんでした。戦争をしているのはアメリカであって、樺太はそんな危険な状態ではないと思っていたのです。

まさか、ソ連が同盟を破って戦争状態になるとは考えてもいませんでした。

突如、北方から航空機が隊をなして上敷香の上空にやってきました。対空砲火が響きわたり、一瞬にして上敷香は戦場となりました。国境からは負傷した日本兵がトラックで運ばれてきます。

学校の周辺はいっぺんに戦争の場に巻き込まれてしまいました。ただちに学校は解散、教職員も自由行動となり、万一を思い手りゅう弾が希望者に手渡されました。

だが、一般住民はどう行動していいのか、全くわかりません。夜になると朝鮮の人たちが朝鮮万歳を唱えて街を練り歩く、といった状態で不穏の空気が流れています。

夜も国境の方から砲声が聞こえて、自分たちの行く末も皆目わからない幾日が続きました。家内も三才と0才の子どもをかかえて、最悪の日に備えて忙しく立ち回る有様。

ついに最後の連絡が町内会から出されました。女、子どもは至急集合、汽車でひとまず敷香へ。その先はできるだけ南下する。男子は今しばらく街に残り、命令の出るまで警察署前に集合待機すること。

あちこちから火の手が上がりました。軍の倉庫です。風はなく、煙は真っ直ぐ天に向かって上がっています。兵舎の近くにある木炭庫は、倉庫全体が真っ赤なかたまりとなって燃えています。その光景はもったいないというよりも、もうおしまいという感じでした。

女、子どもの去った後は次の便を待って男も南下するという話が伝わってきます。ちょうどその時、兄のトラックが国境から負傷者を運んで上敷香の軍隊まで運び、その後は解散ということで私たち、男を乗せてひとまず敷香まで下ることにしました。

敷香への路上には衣類など投げ捨てられて、ここでも敗れたみじめさが露呈し、飛行場の側で一人の男が本を読んでいるのが見えました。なんとそれはうちの先生でした。発狂して一人で歩いてここまで来たのだと思われました。呼びかけてみましたが、応ずる気配もありませんでした。

ふと、町の中風の老人などを思い出しました。あとで聞いたのですが、どうすることもできないので防空壕に移し、食べ物を周りにたくさん置いて、涙ながらに別れてきたということでした。

敷香に着くとすぐ駅に向かい、家内や子どもを探し出して汽車よりも一足早く敷香を発つことができました。めざすは豊原。途中で西海岸から逃れてきた一行に出会い、ソ連兵はもうじき到着するだろうという話でした。

樺太縦断の逃避行。それは長い長い恐怖と不安の入りまじった旅でした。先に何一つ明るいもののない、全く希望を失った旅だったのです。疲れ果てて、それでも何とか豊原に到着、郊外にある兄の家に落ちつくことができました。うまくいくと北海道に戻れるかもしれないといいます。毎日、大泊から北海道へ船が出ているということでした。

兄の家族はもう北海道に無事渡っているようでした。明日にでも大泊へと望みをもって一晩明けた次の日、あわただしく空襲警報のサイレンが鳴り出し、轟音と共にソ連機の焼夷弾投下。あわてて防空壕に逃げましたが顔だけが先に走り､足がついていかないのです。そんなあわて方でした。娘のはるみはさっさと壕に入って行きました。投下される弾はよく見えました。あちこちから火の手が上がり中心の通りである大通りはもう一面、火の海になっていることが遠くからも見え、街のあちこちの屋上に白旗が立っていました。

そして、もう北海度行きは駄目だろうとの話も出はじめて、万事休すの雰囲気となってしまうのです。あとでわかったのですが、汽車で南下した上敷香の人たちは運よく船に間に合ったが、稚内が混んでいるので小樽へ直行、留萌沖でソ連の潜水艦の攻撃を受け、大半が爆死してしまったということでした。

兄は密航して北海道へ渡ることになり、単独で湾内の港に出て船を探し、密航することになり、家族の多い私たちは残ってなりゆきに任せることになりました。これからどう生活したらいいのか誰もが不安でした。

ソ連兵が次々と上陸し、大泊の町も銃を持ったソ連兵であふれ、もう北海道への逃避など考えることもできないような状態となりました。

これからどう生きていくべきか不安の日々が続きます。そんなある日、知床郡から役場の吏員募集の話が伝わってきたのです。

元鉄道に勤めていた和田英人さんが密航で騒がしい知床郡で役場を開き、少しでも犠牲をなくしましょうとの義侠心からの発想とわかりました。姉の所に出入りしている人が揃って応募することになったのです。その結果、助役に日通の藤沢さん、収入役に私、配給所に姉の息子が就職することに決まりました。

この時、家内の母が町の占い師を訪ね、この計画の良し悪しを尋ねましたら、それは凶と出、しかも、身内に死がつきまとうというのです。気になったのですが、話がこれまで進んだのにいまさら断ることもできず、約束通りわずかの身の回り品をまとめて知床に向かいました。

亜庭湾沿いに東へ、途中の長浜を除いてはどこも空き家だけで、浜には磯船さえないありさまです。みんな北海道へ行ってしまったのです。到着した知床郡の弥満村だけは人がいっぱいです。土地の人は稀で、ほとんどが密航船を待っている人たちだったのです。

私どもは海岸に近い元運送店の跡に落ちつくことになりました。

部屋も多く、どっしりとした家屋で皆に喜ばれましたが、その家は結核などの病人用であったらしく、健康上、あまり感心した家でないことを知らされた時はあまりいい感じがしませんでした。

役場を開設したとはいえ、机に座って事務仕事をするといったことはなく、どこの家に誰が住んでいるかとか、病人がいないかなどを調べることや、物資の配給に関する人員の調査などが仕事でした。

学校も開かねばならないし、病院も復活しなければなりません。町内会も作って防犯も計らねばなりません。殺風景な毎日に少しでも潤いをと、いろいろと催しも考えねばなりません。村長は専らソ連の陸、海軍の出先機関との折衝で忙しい毎日を送っていました。私も金がなければ何もできないので、納税の通知書もつくらねばなりませんでした。

日が経つにつれて、ロシアの移民も増え、町の中は朝鮮人、先住民のオロッコも加わって賑やかな雰囲気と変わってきます。以前と違って、ロシア人の風習に戸惑いを感ずることも度々です。

そのうちに、村役場は民政署と名前が変わり、ロシアの署長が着任します。私どもの給料もそこから出るようになり、私の給料は八百円。甥は配給所で二千円。間違ったのではないかと署長に尋ねたら、民政署の役員はワイロがあるから安くてよいし、配給所の方は物資を誤魔かされないために一般より高いのだという返事。

そういえば、私の家に泥棒が入ったことがあります。玄関においてあった大根や馬鈴薯がごっそり持って行かれました。さっそく、警察に連絡したらしばらくして盗まれた大根と馬鈴薯が返ってきたのはよかったのですが、犯人の若い男が悪びれたところもなく「返したからいいでしょう」と言うのです。警察官も「全部戻ったのだから罪にはならない」と言って犯人を帰してしまいました。日本人には考えられないことだが、彼らにしてみれば当然のことだったのでしょう。

また、こういうことは日本と反対だが、いいことだと思ったことがあります。

それは、偉い人ほど朝の出勤が早く、帰るのが一番後。日本だったら偉くなるとゆっくり出勤して、早く帰るのが通例のように思っていたが、彼らは偉い地位に就くと本当によく働きました。

漁業コンビナートの隊長は私どもの模範でした。それが、どうしたことか失格して一労働者になってしまった。日本人だったら、とてもそんなことはできないが、次の日から一般の労働者に交じって汗を流しているのです。この辺も割り切れない国民性の違いかと思います。

密航も下火となり、人々にあきらめの色が漂う頃のこと、雨まじりの嵐の夜のできごとでした。こんな日は陸軍も海軍も休日同様、ほとんど巡回することもない状態でした。この日を狙っていた島内有数の木材工場の一行が帆船で密航に踏み切ったのです。途中、ソ連の監視の目を逃れて無事、朝方北海道に着いたのはよかったが、どうも風景が北海道らしくない。一行が上陸して発見したのは、なんと知床郡の対岸の能登呂半島の標柱だったのです。

沿岸警備隊につかまり、大泊に連行されることになったのです。知床民政署に連絡があり、和田村長が平身低頭して、もらい下げにこぎつけ、私が大泊の警察に出向いて引き取ってくるという笑えない一コマでした。

ついでに、私の兄（栄次郎）の密航事件も記録しておきます。

兄の家族は早々と北海道に引き揚げており、男だけが残された格好になっていました。息子と二人で密航目的でこの知床郡にやってきていたのです。密航しかない兄にとって一日がとても長かったようで、毎日のように密航計画をたてていたようです。

このことを和田村長に話すと、さっそく軍の助けを得ようとかけあってくれたのですが、これだけは軍としては協力できないと断られたようです。当然のことです。でも、無駄ではなかったようです。後日、村長が軍を訪ねた時、ちょうど陸・海軍の打ち合わせの日だったようです。和田村長に聴こえるように、陸・海軍の休息の日の打ち合わせをしたそうです。海軍は快速艇の運航休止、陸軍は陸上の巡回の休止の日時を取り決めていたそうです。

このことをすぐ私に知らせてくれて、兄は密航の準備にとりかかりました。磯船も手配済み、いよいよその日がやってきたのです。

天気は上々、はるか彼方の公海に北海道から来た密航船が待機しています。さあ出航という段階で兄は怖気づいてしまったのです。あまりにも良い天気でどこからも見られる状態でした。こんな良い条件をついに、ふいにしてしまった兄親子。これも忘れられない思い出です。

兄のことを書いたので、ここで娘について記録しておきます。私には二人の娘がいました。その時、上が四歳で、はるみといいます。下はあとひと月で一歳になるところでしたが、百日咳らしい病気にかかり、医者もいないし薬もないので何をなすこともできず、短い一生を終えることになってしまいました。

ロシアでは火葬は許されません。土葬となれば北海道に連れて行けないので、村長に頼んでロシアの陸軍の隊長に内々で許可をとってもらいました。葬式は軍の幹部も出席してくれてあのドサクサの時代としては最善だったと思います。お蔭で遺骨を持って帰ることができたのです。いま、里塚霊園に姉や母と一緒に眠っています。

姉のはるみは利口な子どもでした。近所のロシアの子どもと仲良しになり、その親たちからも随分と可愛がられていたようです。ロシア語が達者になり、私がロシア人と話し合わねばならない時はいつも通訳になってもらったものです。

また、部落で演芸会を開いたときです。はるみは我が家の代表として赤城の子守唄を演じて、日本人だけでなくロシア人からも大拍手で、投げ銭やお菓子などたくさん頂いたことが、楽しい思い出として今でも残っています。

はるみは人々から神童と言われたほど賢い子どもでした。ある日、家内と口論した時のこと、はるみにどっちが悪いと問いかけたことがありました。答えは「お父さんの言っていることは本当だと思うけれど、お母さんは女だからもっと優しく言うといい」と批判された時は家内も驚いた様子でした。

日が経つにつれて、密航の話も下火になり、一日も早い引き揚げの許可が出るのを待つしかなくなりました。いくら働いても、ただその場限り生きるだけで、将来の希望に繋がる何ものもありませんでした。

このことについては、和田村長もひどく心配し、ソ連の計画にも積極的に協力して一日も早く全員無事に北海道へ渡ることに腐心していました。そして、村民大会を開催して村民一致して助け合い、ソ連に協力して引き揚げについて同情ある決断を願うことにしました。

村民大会についての立案が私に一任されることになりました。戦時下の式典はすべて国旗掲揚、国歌斉唱にはじまり、宮城奉拝と続きます。敗戦のもと敵国にあってこの式順は少し穏健でないと思ったので村長に相談したところ、日本の方式を変えることはないとの返事。仕方なく従前通りの方式で大会を盛りあげることにしたのでした。

会場には日本人だけでなく、朝鮮人もロシア人も大勢入ってきたのが大きな災いのもとになったのです。

一週間程して私の家の前にトラックが止まりました。出てきたのはゲー・ペー・ウー（ソ連国家政治保安部）の軍人と通訳でした。軍の命令で「司令部に出頭せよ」という趣旨の伝言でした。小雨の降る九月はじめの寒い日でした。無蓋のトラックに私一人。家から持ち出した薄い布団にくるまって長い大泊までの道を走り続けました。銃をもった兵士が運転台の窓から私を監視しているのです。

着いたところは、ゲー・ペー・ウーの本部、日本時代の北海ホテルでした。玄関に入ってすぐ右の小さな独房。天井に近いところに小さな窓。半紙半分くらいの大きさ。独房の中は昼でもうす暗い場所です。入り口にも食事の出し入れする小さな出し入れ口があり、床は古い畳で周りの壁はただの白い壁紙を貼ったような殺風景なものでした。

係官が入って来て、先ずバンドを取り上げられました。靴のひもも取り外すように言われ、何のためにするのかわかりませんでしたが言われるとおりに差し出しました。あとでわかったのは、西海岸の真岡で収監中の真岡病院の院長が尋問に耐えられずひもで首をしめて自殺したためだったのです。

第一日目の夜は何事もなく過ぎました。そして二日目の夜。しかも夜中の一二時過ぎ、兵の重い靴音がして私の部屋の大きな施錠が外されました。これから私の裁判がはじまるのです。

正面に隊長、両側に銃を手にした二人、通訳は私の横に腰かけて物々しい裁判がはじまりました。夜中にやるのは犯人が白状する一番効果的な時間のためらしいのです。中には夢心地の者もいるだろうし、恐怖心を利用するに最も効き目のある時間であるらしい。先ず型通り氏名、職業の確認からはじまり、次に罪状が通訳されました。反ソ思想をもって村民を指導してきたこと、外国人にまで日本礼賛の行動をさせたことなどが取り上げられました。

住民の密航に手助けしたこともソ連の意思に反した行動であり、その罪は許すことができないというような趣旨の論告でした。私たちが知床でやってきたことが全て反ソ的として取り上げられていました。

私は意外と落ち着いていました。私の反論を聞いてもらう番がやってきました。まず、何回かあった密航について家族ばらばらになっている実状から、やむを得ず密航し、それに手を貸したことは一度もないこと。村民大会もこれを防止するための策であって、安全に引き揚げさせるのが目的であった。それには、漁業に励み、ソ連に好感を持ってもらうためであったし、儀式に日本の従来の方法をとったのも決してソ連に反するためではなかった。

ロシア人や朝鮮人が式に加わったのはこちらのせいではなく、自由に面白半分に入場したもので、その状態を正しく判断して欲しい。そんなことで役場を開いた時からただの一度もソ連のためにならないことをした覚えがない。私はご承知のように小学校の教師であります。仮にソ連の教師だったら私の行動と反対のことをやるでしょうか。と弁論調で反論したのです。

隊長はそのあと発言がなく、第一回の裁判は終わりました。裁判はそれきりだったのです。

一日はとても長かったです。次の日もまたその次の日も、ただ小さな窓の光で昼か夜かの区別がつくだけで読む本があるわけでなく、話をする人もいません。ただ時間の過ぎるのを待つだけなのです。一週間の辛かったこと、長かったこと。しかし、不思議なことに、その一週間が過ぎると平常心に戻るという体験をしたのです。

そのことは後に色々なことで役立ちました。例えば、禁煙。一週間我慢したら後はなんでもないこと。仕事の面で苦しいことが続いた時、これも一週間こらえたら割と平常心で対応できました。

さて日が経つにつれてもっとも辛かったことは食事のことでした。一日の分量は黒パン一切れ（市販の角食厚み三センチほどの）、砂糖小さじ一杯、スープ缶詰缶に一杯、二十センチくらいの小鰊の塩漬一尾。

三十三歳の青年盛りの私にとって、これは一食分にも足りない量でした。もちろん、朝のうちに全部食べつくしてしまいました。空腹に悩まされました。

ある日のことです。「ネズミの糞を食わせるのか」と大声で怒鳴る声が聞こえました。あれは、まさしく和田村長の声だ。やはり和田村長も裁判にかけられていたんだと初めて知りました。

その声で私はスープの缶をあらためて見ました。和田村長の叫んだ通りスープはネズミの糞で盛り上がっています。本体は大豆のスープなのだが煮られたため、膨張して大きな糞になっていた。でもお腹が空いているため、それを捨てることができません。糞とは分かりながら私は全部平らげてしまいました。戦場で食べ物がなくなりネズミや虫を食べた悲惨な報道が私にはよく理解できました。和田村長の攻撃があったせいか次の日から大量に混入されることもなくなったのはせめてもの幸いでした。

そのことがあって二、三日後、娘のはるみが差し入れに来てくれました。玄関から聞こえる、父さん、父さんという声ですぐわかりました。警備の兵隊が子どもと何か話しているが面会は許されません。もちろん、家内も一緒だろうと思いますが、面会できないことが分かって帰ったようでした。知床郡を引き揚げて大泊の姉の所にいることが後でわかりました。

来る日も来る日も、呼び出しもなく平凡な毎日。薄暗い壁にはいたるところに落書きがありました。いずれも不当な逮捕を呪う声です。タバコ、タバコと書いたものもありました。タバコが吸えない苦しみを書いたのでしょう。とうとうあれっきり呼び出しがありません。

十月三十日の朝でした。この日は教育勅語の発布された祝日です。何かすがすがしい朝でした。朝食をすませた頃でした。

三カ月ぶりに通訳が来て裁判が終わったこと、そして帰宅してよいと隊長から許可が出たことを話してくれました。その時のうれしかったこと。通訳に手を合わせて礼を言いました。

通訳は私の証人として聞き取り調査した人数は約三十人。皆、私をかばう証言だったということも付け加えてくれたのです。

二カ月の獄舎生活のため体は異常に膨れ上がり、ズボンはまるで股引きのような感じでした。しばらくぶりで太陽を見ることができ、有り難さが改めて分かったのです。解放後はしばらく大泊に滞在し体の回復を待つことにしました。その間、隊長からいろいろと好意ある連絡を受けたこともありました。

「北海道へ帰りたいか」とも聞かれ、「はい」と答えると、できるだけ早く行けるようにしてやるとも言われ、時には隊長の自宅の留守番を頼まれたこともあります。

そして四月、私たちに引き揚げの命令が降りました。早い命令でしたので、隊長の計らいがあったものと考えられます。

リュックサックに荷物を詰めるだけ押し込んで、引揚船の来る真岡に向かいました。丘の上の旧女学校だと思います。ここで、船を待つのですが、なかなか来ません。毎日、海を見つめているのですが、一週間くらい経った頃だったと思います。遠くに船が来るのが見えました。

「ああ、引揚げ船だあ」、皆と飛ぶようにして喜びました。だんだん近づいて日の丸がはっきり判るようになった時、涙が出ました。こんなに日の丸を有り難いと思ったことはありませんでした。泣き顔があちこちに見受けられました。うれしかったのは私だけではありませんでした。

ああ、やっと帰れる。三年の抑留生活に別れを告げ、第二の故郷、樺太ともこれが最後かと、何やら不思議な思いがしたことを憶えています。

家内を見ると子どもの遺骨をかかえ、娘と一緒に船から真岡の高台を見つめていました。

同じ思いだったことでしょう。ドラが鳴ってしばらく日本に帰った気分でした。いつ何どき、また連れ戻されるのではないかと不安だったのです。海は凪いで滑るように南へ南へと走り続けます。人々は船室に戻らず、いつまでも遠ざかる樺太を眺めていました。

引き揚げて、一人千円だけ新円と交換しました。その時、私は農協の貯金や郵便局の通帳を加えると一万円以上ありましたが、もうそれらは役に立たない金になっていました。

妻と子ども一人、三人の家族では三千円しか権利がなかったのです。

店先で子どもにリンゴを買ったら一個二十五円。樺太の生活とは格段の差。さてこれからどうしたらよいか。汽車賃は無料だったので、ひとまず札幌へ。そして無縁故者として丘珠の兵舎跡に収容させてもらいました。

しかし、今後どう暮らしていったらいいのか、途方にくれました。一番良いのは教員に戻ることですが、過ぎた教員歴がそれを許さなかった。日本の歴史、神の国日本、必ず神風が吹くと説いてきた私がどうして教壇に立てるか、そんなことを考えると再び教職につくことは良心に恥じると考えました。天職は教師と信じていた私でしたが、どうしても諦めなければならなかったのです。

第3章

教材製作会社経営の苦闘

まず行商から

まずは生活のために、行商から始めました。札幌で林檎を仕入れ、日高へ。もう一つは留萌からカマボコを買って周辺のホテルに納めるという二通りでした。

足に堪えるほどの重い林檎を背負い、大谷地駅から日高の富川まで行くのです。そこで売りに寄った家で私が学校の先生とわかったことから、私に替わって売りさばいてくれることになりました。助かりました。

帰りは煙草の葉を仕入れ、家へ帰ってから葉を刻んで紙で巻く仕事を家内と一緒にやりました。戦後しばらくの間は、煙草はこのようにして売り買いが行なわれていたのです。

そのころ、長女が風邪を引いて市立病院に入院していました。私どもも子どものベッドの横に毛布にくるまって夜を過ごしていたものです。病院の先生も私どもの作っていた煙草の売り先を世話してくれました。

一方、留萌の方は、兄夫婦が引き揚げてきてここに住んでいたので、カマボコは兄夫婦の計らいで順調に仕入れができました。これを周辺のホテルに納めるのですが、ここでも好意ある待遇をしてもらったものです。

ある日、留萌でカマボコの仕入れができないことがありました。漁ができず、生産がストップした時のことです。代わりに途中で農家から米を仕入れ、札幌駅についた時のことです。ヤミ米の取り締まりにひっかかり、背負ってきた米全部、警官に没収されてしまいました。これが取り上げられると、その日は文無しになってしまいます。警官に苦しい事情を話しました。

普通は全くの没収なのですが、本署まで連れて行かれ始末書を書かされてから米の代金（配給米の価格）を渡してくれたのです。ヤミ値とは相当のひらきはありましたが助かりました。病人をかかえての実情を考えての特例だったと思います。

娘に死の宣告

ある日、担当の医師から私に話があるから、帰ってきたら医務室に来るようにと言われました。治療費のことかなと思いながら戸を開けて入った途端、異様な空気に気づいたのです。

いつもの先生の態度とは全然違うのです。

「奥さんにはとても言えないので、男のあなたの帰りを待っていたのです。言いにくいことだが、あなたの子どもさんの命はあと二十日ともちません。粟粒結核といって不治の病です。ほとんど三週間で生命が絶たれるという難病で、病院として手の施しようもないのです。現在、アメリカで薬が開発されたというのですが、百万円という高価なもので、手の出しようもありません。そんなわけで奥さんにもあなたから話してください」

ということでした。

元気に遊んでいる我が子があと二十日の寿命。それは気が狂うほどの悲しみでした。家内は私以上だったと思います。同じ部屋にいる数人の子もみんな同じ病気だということを先生から聞かされ、初めて同室の親の秘めた悲しみを知ったのです。そして先生の話されたように次々と二十日以内に息を引き取っていきました。

残ったのは、うちの子だけになりました。

先生の話された百万円の薬。それは一生かかっても手に入らないような高額な値段です。当時の一般標準給料は千二百円です。いてもたってもいられない気持ちは、ついに、フルヤ製菓の社長宅の玄関に立つ結果となったのです。「一生をフルヤのために捧げます。その代わり、百万円の薬を買ってください」とたのむためでした。

社長宅の玄関はとても広くて明るくさすがフルヤだと思わせるほど立派でした。それにひきかえ、払い下げの軍服にボロボロの軍靴。あまりにもひどい身なり、とうとう玄関の戸を開ける気力もなく引き揚げてきました。子どもはまだ元気でした。それから何とか助ける方法はないかと藁をも掴む思いでいろいろな人に助けを求めました。

そして最後は神仏に、ということだったのです。「深川のおきり川というところに観音さんがある。そこへ行って頼みなさい」というのです。

早速、話通り、奉納の米一升を持ってお寺をたずねることにしたのです。深川の駅から、おきり川へ続々と人の列です。松葉杖で坂を上る人、病人を背負っている人、人それぞれに悩みを抱えてお詣りするその一人に私も加わりました。

夕方から説教がはじまり順を追って一人ずつ悩みを老師に告げ、その場で悩み事を解決していくのでした。夜中の十二時が近づきました。しかし、私は呼ばれないのです。やっと最後に私が呼び出されました。

でも、駄目でした。老師の言葉に「この子は助かるのに親の根性がなっていないので助けられない」というくだりがありました。その根性とはどういうことですか、と問いただすと老師は一段と声を高めて話されました。

「それはね、あなたは素直でないということだ。これは学校の先生の特徴でなんでも批判的で、お蔭で、という心が乏しい。今のあなたの心は典型的で子どもを助けられる状態ではない。それで今晩よおく考えてもう一日延ばしなさい」ということで、もう一日ということになったのです。

翌朝、昨日の松葉杖で来た人は杖をおいて、背負わされて来た人も一人で歩いて帰って行きました。とり残されたのは私一人だけ。

そして二日目の晩、また私の順番は最後でした。もう十二時です。老師が言いました。

「やはり駄目だ。現状では助けられない。どうする」と言うのです。何としても助けて欲しいと嘆願しました。「それではこの約束を守れたら助かる、ということを話そう。それは一日に一万回『有り難う』を言うこと。これを守れたら子どもは助かる」

というのです。それはおやすいことと、承知してその日のおつとめを終わったのです。

一万回の有り難う。これで子どもは助かると喜び勇んで帰りました。

はじめは「正、正」と「有り難う」を唱えるたびに「正」の一本を増していきます。数字の一万は簡単だが、実際の一万は大変です。相当、唱えたと思ってもまだ五百か六百です。一万を記録するのは大変な仕事。それでもこれで、子どもが助かると思えば続けねばなりません。三日、四日はなんとか過ぎました。子どもは？　と見ると少しも元気が衰えないで遊び回っています。何としても一万回を続けて助けねばならない。寝ても起きても「有り難う」です。道を歩いても有り難うを忘れません。通りすがりの人は私を気違いとでも思ったのか、立ち止まって私の顔をじろじろ見ています。

苦労の一週間も無事終わった頃、ふと頭に浮かんだのは一万回という数のこと。本当の心は一万という数字ではなく周りのものに全て感謝することだということでした。そのことに気がついた時、子どもにも家内にも病院にも、そのほか、草木にまで感謝の対象であることに気付いたのでした。

気が楽になりました。そして全てのことが有り難いのだと知るようになったのです。二十日過ぎても子どもは元気に遊んでいるではありませんか。なんと有り難い仏様。もう大丈夫との自信が出てきました。

入院してから一年半、退院というところまで到達したのです。病院の先生はしきりに不思議だ不思議だと言って首をかしげ、何か変わったことでもしたのかと問いただす始末。私は言いました。病院の御厚意が大きく左右したこと、深川の観音さんのことも話したのですが、先生はどれも信じられない話として納得してくれませんでしたが、「おめでとう」と言って私どもを見送ってくれたのです。家内の喜びもひとしおでした。

樺太庁残務整理事務所

札幌の南七条西七丁目に樺太庁残務整理事務所がありました。民家を借り上げ、三井所長、松永視学官の外に一、二人の事務員がいるだけの小さな事務所です。暇があれば顔を出して、引揚者の行き先の世話や入植地などの紹介などを手伝っていました。

中にはこのどさくさを利用して教員の資格証明を取りにくる人も何人かいました。そんな時、樺太での学校の様子や仲間の話を聞いたりして、それが真実かどうかを試すのです。

何人かの人がバレて顔を赤らめて帰って行くのを見送ったこともあります。こんなことで道庁にもたびたび足を運び入植に関する打ち合わせをして、時には残務整理事務所の職員に間違われることもありました。まだ私の落ちつき先も決まっていなかったので道の課長さんから、素晴らしい土地が入植地に決まったからそこへ行かないかと言われました。

それは渡島《おしま》の知内《しりうち》でした。さっそく、現地を見に行きました。なるほど、課長の言われるように素晴らしい土地でした。海岸より一段高い平地で長い間、農地として小作人によって営農されていたところのようで、農地改革で小作人の営農はできなくなり、取り上げられた所のようでした。果樹や桜の木も多く、海を見下ろすと連絡船がすぐ眼の下を通っているではありませんか。まるで絵のようでした。海岸沿いの彼方には修道院も見え、私にとっては申し分ない土地でした。

ところが、一緒に引き揚げてきた知内のことをよく知っている人に、なんとか譲ってくれと拝み倒されて、仕方なく譲ることにしてしまいました。課長も惜しいことをしたなと残念がってくれましたが、数日後、こんどは札幌近郊、元軍の演習地滝野の真駒内団地をすすめてくれました。札幌に近いし将来のことを考えたら知内よりもいいかもしれないと大変な勧め方でした。そして家内の父も一緒に隣同士で十五丁歩の大地主となったのです。

うっそうとした竹やぶがあると思ったら、山部川の起点で湧き水が私の畑から出ていました。遠くに札幌の街も見えます。滝野の滝もすぐそばです。いよいよ私の落ち着き先も決まりました。

豊平駅から石山駅まで電車で、それから山道を六キロほどで入植地に到着します。それから馴れない開墾の労働。でも希望の毎日でした。

北海道教育用品展示館

雨の降る日でした。山の開墾の仕事はお休みです。しばらくぶりに、樺太庁残務整理事務所を訪ねました。

松永先生が私の顔を見るなり「ああ、良いところに来た。実は文部省から連絡があり今回、全国的に新しい教材教具の啓発宣伝を行なうことになった。北海道は札幌に決まったが、その経営に君の名が挙がった。戦後、満足なものが何一つない教材教具の世界、一つ骨を折ってみてはどうか」というのでした。

三井所長にも「引揚者にこんな良い話はまたとないよ」と勧められました。

私の樺太時代、文部省の役人から「君の教材研究は日本一だ」と評されたことがありましたが、そのことが今回の指名につながったらしいのです。即答を避けて、開拓の義父や家内とも相談せねばならなかったのでひとまず引き下がりました。義父も家内も喜んで賛成してくれたので、一応、開拓は義父にまかせて、私はこの仕事の準備にとりかかりました。

展示館は人の集まりやすい場所、経営は新教材を販売することによって賄うことなどが当面の仕事でした。

幸い、三井所長が市の中心、三越のすじ向かいに「子供の国」があり〝子供の科学〟などと連絡をとりながら教育文化に貢献しようという財団方式の商社と話をつけてくれました。当時としては立派な二階建ての建築であり、飾ってある商品はほんのわずかな科学玩具と体育器具の巧技台くらいでした。

文部省との連絡は松永先生が手まめに折衝してくれたので、私はもっぱら道教委との話し合いが主な仕事でした。文部省の采配で道教委と教育大学が後援となったからです。

戦後の教育界は誠にひどいものでした。鉛筆は白木のまま、紙は配給で一束三百円くらいが千円くらいで売買されていました。それでも手に入らないのが当時の状況だったのです。

一応、準備ができたので、初めて文部省に挨拶と今後の指導を願うため、出頭しました。文部省内の展示館長は樺太出身の大和義郎先生だったので心強かったです。文部省では係官が同行し、各メーカーの工場や製品の説明をしてくれました。

望遠鏡の工場や理科器具の工場、子ども向けの図書会社など真剣に立ち向かっていることがよくわかりました。人体模型など大量の製品が出荷を待っているのは教材界の躍進を思わせるに十分でした。

しかし、当時の状況は、戦後間もないこととて、学用品はすべて低品位のものばかり。ノート類はまだ配給当時と変わりなく、クレヨンなども低級品のものばかりでした。

東京の仕事も終えて帰札。さっそく、展示場の模様替えの作業に入りました。最初に届いたのは文房具類、続いて体育関係、音楽と毎日が忙しくなってきました。ガランとしていた展示場も間もなく見違えるほどの新製品で飾られました。

河合楽器の責任者はわざわざ当展示場を訪れ、楽器の特徴を熱心に解説して普及を希望していました。私もその熱意に動かされ、一都市のごときは全て河合に決めてくれたところもあったくらいです。

文部省の配慮で道教育委員会と教育大学に後援を取りつけてくれたことは、私の仕事をしやすくしてくれました。教育大学の図工の先生が、進んで教材の使用方法や絵画、工作の講習会を開いてくれたことも大きな力となりました。

ゲートボールもその頃の発明品で、研究開発した本人が当館を訪れ、その競技方法を解説してくれましたが、これは学校では取り上げてくれませんでした。今日のように、全国的なものになろうとは、当時は全く考えられなかったと思います。

ボールペンについての失敗談を一応書き残しておきます。ボールペンの普及はすざまじいものがありました。数社から見本の展示品が到着しました。どこの学校でも買ってくれて、当展示館の経営上大きくプラスになる勢いでした。が、その夏は特に暑く大量に仕入れたボールペンの油が流出して手の付けられない状態となってしまったのです。気の毒でしたが事情を話して、全品返済という苦しい場面のあったことを今も思い出します。

展示館も徐々に知れ渡るようになり、高額の注文がくるようになります。高等学校が次々と新設され、一校の教材、教具、備品等どこも一千万を超える予算です。当時の一千万は大金でした。残念なことに私には金融に関する知識も経験も全くありません。

私に対しては銀行は冷たいところでした。注文書を見せて懇願するのですが、取引がないからと断られてしまうのです。仕方なく学校には事情を話して他の業者に変えてもらいました。当時の札幌の問屋も三万円限度という取り引きでした。


こんな時、私にとってとび上がるほどの朗報が舞い込んできました。それは小学校の理科を振興させようと文部省が理振法を制定し予算を獲得したのです。札幌の小学校にも第一回目に十数校が指定されたのです。三月の決定なので決算まで日数がありません。各校長が購入品目を決めるため、揃って展示館にやってきました。私が助言役を務めたのです。

そして急ぎ購入品目を決めて文部省に提出し、まだ納品もしていないのに代金が学校に届いたのです。各校長はしめし合わせたように現金を携えて展示館にやってきたのです。山と積まれた札束を腰に巻きつけて東京に出かけた時のことを忘れることができません。

前に文部省に出かけた時の商社やメーカーも初対面ではないので、作業も順調に進み、今後の取り引きについても、便宜を計ってもらうことを取り決めて札幌に帰ることができました。

テープレコーダーも北海道で初めて、私どもが扱いました。機械に弱い私でしたが、東通工（のちのソニー）の係の方から懇切に指導を受けて宣伝につとめたものです。

こうして展示館を経営したのもたった二年。物が豊富になって展示館の使命が終わったのです。この二年間で得たもの、それは何といっても人とのつながりだと思います。東京から来た彫刻用の白鳥石の講習を全道各地で催し、私が助手として働いたのも大勢の知り合いができた原因です。その他、教育大学の図工の先生と一緒に各校を回ったことも大きな収穫だったと思います。

いろいろの思い出を残して展示館を閉ざすことになりました。毎晩、仕事を終えるのは十二時近くでした。店を閉まって月寒に帰る頃は、札幌の街は静まりかえっていました。どこからともなく美空ひばりの「りんご追分」の淋しいメロディが聞こえてきます。四キロほど離れた月寒に着くのは一時頃でした。家内がいつも洋裁の内職をしながら私の帰りを待っていてくれました。

妻の死

家内の事になると、どうしてもペンをとる気になれません。それには余りにも哀れな最期だったからです。

家内はガンでした。もちろん、そうとは言えませんでした。最後まで胃潰瘍で通さねばなりませんでした。苦しいが必ず治ると思っていたようです。

だが、毎日の痛み止めが効かぬほど苦しみ、見るにたえない有様でした。小樽から母が来てもっぱら看病に当たってくれましたが、私は仕事の関係で昼は学校回り、三人の子どもはこれも小樽の義父がみてくれましたが、私の人生で最も悲惨な毎日だったと思います。

町内の方々が見るに見かねて、民生委員を説得して生活保護世帯にしてくれましたが、私は御厚意に感謝しつつ一度も生活保護のお世話にはなりませんでした。

多忙と疲れで夜仕事を終えてから病院に出かけることは距離的に困難でした。二日ほど、病院に行かなかったことがありました。長い長い手紙が私に手渡されました。どんなに待っているか察して欲しいという内容でした。申し訳ないと今でもそのことを思い悔やんでいます。

たしか五月一八日の夜だったと思います。目に涙を浮かべて、最後の言葉を「もう駄目だと思う。三人の子どもを頼むね」死に臨んでの最後の言葉でした。それっきり昏睡状態に入り二十日の早朝息を引き取ったのです。

私にとって最大の頼りの綱が切れたのです。連れ添って十年、三十五歳の若さでこの世を去ったのです。私にとっていかに大きな存在だったことか。

敗戦で引き揚げて来た時、いつも私に力をつけてくれたあの言葉。

「リュックサック一つで来た私たちにはもう失うものはない。思い通りにやってみなさい」

それは私にとって大変な力になりました。再び教育に戻れないと思い込んでいた私に、あれこれといくつもの道を考えさせてくれました。慣れない百姓の時も、父と一緒だからと十五町歩の未来の夢を描いて賛成してくれたし、学校回りの仕事についてもいろいろと知恵を貸してくれました。

それに比べて、彼女を喜ばせたことは何かあったろうかと考えてみました。ほとんどありません。敗戦という国の惨めさの中で歯をくいしばって生きていた時代だから、というのは言い訳にすぎません。

島牧から年老いた私の母親が国境の町、上敷香を訪ねてきたことがありました。その時の孝行ぶりは見上げたものでした。母は大変喜んで「いい嫁だ、いい嫁だ」と喜んでくれたことを思い出します。

そうだ、妻が大変喜んでくれたことがあります。それは私の教育研究発表の時です。樺太は教育を最重要とした植民地政策をとっていました。そんなわけで年一回、島をあげて教育研究の発表会が催され、優れた研究は樺太を代表して島外の研究視察に国費で派遣されることになっていました。

私は支庁管内の代表に選ばれ、豊原（ユージノサハリン）で各地の代表と発表を競うのです。結果的にはそれは最後の発表となった昭和十九年の地理教育でした。幸いにも私がただ一人選ばれて、樺太の地理教育者として一カ月の官費の視察に出掛けた時、家内は赤飯をたいて、祝い喜んでくれたことを思い出します。

連れ添った十年。身を粉にして働いてくれる女《ひと》でした。もちろん、一家の中心的存在であったことは誰もが認めるところです。今は札幌の里塚霊園に二人の娘と眠っています。

北日本教材社

教育用品展示会館の閉館後、売れ残った商品も若干あり、得意先の学校はかなりの数だったので、これから先、教材社を興してみようと考えました。もちろん資金はないし貯えのない私は、その日の生活費から考えていかねばならなかったのです。

学校とのつながりは強かったので、まず私の実情を先生方に知ってもらうことからはじめました。納品は現金引き替えか、それに近い方法。そのかわり先生方の必需品は仕入れ価格で渡すということにしたのです。これが意外と好結果をもたらしました。

当時としては誰ももっていない軽トラックをもっていたことも幸運でした。まだ学校まわりに車を利用するような時代ではなかったのです。ちょっ

トラックの前で

としたことからお古の三輪自動車がただ同然の安値で手に入ったのです。

早速、運転免許取得のため自動車学校に入校し、免許証を手にすることができました。昭和二十六年六月六日で、自動車学校もできて間もない頃です。第五回生でした。

月火水木金の五日間を学校まわり、土曜は仕入れ、日曜は配達準備と忙しいスケジュールでした。

月曜は千歳線、火曜日は定山渓線、水曜日は江別線というふうに一週間のコースを定めて学校にもあらかじめ予告しておきました。そんなわけで私の行くのを学校では待っていてくれたようでした。

仕入れはほとんど現金なので値切ることもできたし、どんな問屋でも平気で出入りできるようになりました。家庭用の味噌醤油も大量に仕入れて、奥さん方に喜ばれたものです。お昼どきに、訪問した時など校長の奥さんが昼ごはんができましたと私を校長住宅につれていってくれたものです。

年の暮れには世間とは反対に、学校から歳暮をいただきました。豚肉、玉葱、馬鈴薯など、あちこちの学校からいただき、正月を楽しく迎えることができました。

以前から学校出入りの業者とはつきあいがあり、いろいろと教えてもらうこともあり、お互い友好的でした。学校もこうした出入り業者によっていながらにして必要な教材類が入手できたわけです。

ところがある年、異変が起こりました。戦後、教育界も困窮の極みに達し、教材類も底をつく状態となっていたのです。それで理科教材や産業関係の備品整備に国が理振法や産振法を制定して理科器具や手工機械などを整備することになったのです。これは出入り業者にとっても大変な喜びでした。

ところがある年、学校には連絡はあったが業者には発注がなかったのです。私共の担当する学校は豊平町だったのですが、全部、札幌の一業者に発注していたのです。

そのうちに怪しからんうわさが入ってきました。教育委員会の担当者（数人）、一業者が仙台方面に慰安旅行に出掛けていたというのです。その話を聞いて私は早速、教育委員会に出掛け、みんなの前でそのうわさの真偽をただしました。

「零細な我々業者が一番の楽しみにしていて、せっせと学校訪問を続けているのも教育の足しになっているはずです。それなのに一人の業者に発注して、しかもそれが遊びにつながっているとは、あまりにも恥ずかしい行為ではないのか……。」とつめよりました。

その晩、私宅に二十万ほどの発注書をもって係が頭を下げて来たのです。そこで又、爆発してしまったのです。こんなことがあってその年は出入りの業者に公平に発注する結果になったのです。
仲間の業者から喜びの電話がきたのを忘れられません。

高島製作所

ある日のこと町の有志の方がみえて、「町営の月寒授産所を民営に切り替えることになったので、その候補者に君が上がったから引き受けてくれ」というのです。所長が金銭上のことで町と折り合いがつかなくなったらしいのです。私もいい話ではあるが経験のないこと、今までの学校の仕事との関係を考えて即答をさけたのです。

ところが有志の働きで、後援会をつくり私の援助をするということで承諾する結果となったのです。土地も建物もただ同然の価格でした。授産所では、家庭の主婦が内職として行なう簡単な縫製と、食品加工が主な事業内容でした。管理する仕組みも人材もあったので、私は従来通り学校まわりができたのです。

そのことが文部省にも知れ、いっそのこと、教材製作の工場にしたらということになったのです。話はとんとん拍子に進み、文部省のお声がかりで工作機械が次々と搬入されてきました。もちろん代金は後払いであまりきびしい支払い条件ではありません。終戦後のことでもあり、あまり工場も出そろわない時代でしたので、仕事は思ったより順調に動き出しました。

鉄工部門と木工部門で職人の数も三十人を超すほどになりました。事務職員も三人で夜業もしばしばの盛況ぶりでした。

今までの内職部門は近くの工場に移し、食品作業を廃止して縫製作業だけにしたのです。しかもその内容はジャージ服専門の工場としました。これは札幌のスポーツ店からの要請で、当時流行し始めたジャージ運動服が入手困難な時代だったからです。

福井県の武生から生地が毎日のように入荷するようになり、ここでは女子の縫工が四十人余り。ミシンの音、大型の裁断機でにぎやかな工場風景を演出していました。

木工場では学校からの机、腰掛はもとより戸棚や黒板、跳箱や平均台などが毎日できあがってくるし、鉄工場では鉄棒、折り畳み式バスケットゴール。

小学校教員がこんな大きな仕事を、それは味わったことのない快感でした。

新設の学校の準備は、教室の机、腰掛けをはじめ、黒板、掲示板はもちろんのこと、化学教室の実験台や戸棚、各教室の名札まで私の工場で製作されていました。同じ方法で道東に新設の高校も連日、昼夜兼業の作業で、やっとのことで開校式に間に合わせた思い出があります。

鉄工の方も戦後、新築される体育館のバスケットボードの発注が最も多く、あとは鉄棒や各種遊具等でこれも常に納品日に間に合わせることがやっとでした。学校ばかりではなく、市町村の児童公園の施設も多かったし、自衛隊（当時は警察予備隊？）からの仕事も結構ありました。利尻、礼分や根釧原野の開拓地まで、広範囲にわたり注文を受ける状態でした。

小川をまたいだ長い長い滑り台を考えたのもその頃、珍しくて視察に来る業者もいたほどでした。

当時低い床の体育館が多く、鉄棒の床金具は床下の作業ができないので床上に取り付け、それが邪魔になるのを見て、独特の床金具を考え、それがスポーツ店のカタログにのるようになったこともあります。

バスケットボードはすべて天井から吊り下げられ、折り曲げる方式をとっているのを垂直に上下するように改良し、価格を下げる方法として各校から注文を受けるようになったのもうれしい思い出となっています。

これは小さい仕事だが地図スタンプを考案し製作したことです。10×15センチメートルくらい（ハガキ大）の湾曲したもの、昔どこの家にもあったインキの吸いとり器型です。昔の小学校では白地図を大事にしたものです。これをノートに直接写したら教育効果もあがるだろうと、昔の地理教育を思い考案したのです。三馬ゴムも乗り気になって製作に協力してくれました。早速、特許を申請したがいろいろと手続き上の煩わしさがあって、そのままにしてしまいました。本州の業者が権利を譲ってくれと申し入れがありましたが、これには応じませんでした。

道内の学校では相当数売れましたが、道外へと広める機会もなく、立ち消えとなったのは惜しいことでした。

困ったことも結構ありました。その一つ二つをあげてみます。

木材の購入です。業者が予告なしで製材を運んでくることでした。折角持って来てくれたのだからと断るのも気の毒で購入した中には、やちだもがありました。これは丈夫で弾力のあることから野球のバットなどに使用される木材ですが、悪いことに日高の砂あらしで木材の中に砂がまじっていたのが玉に傷。職人の工具が傷むというので、みんなから嫌われて、何年も野晒しにされ、誰も手をつけるものはいませんでした。

他には、注文の中に調理室の器具がふえてきたことです。学校給食が全道的に広がってきたためです。普通の鉄材とちがって鉄板加工が多いので、結局仕入れて納品するということになり、製作を離れた斡旋の形をとらざるを得ませんでした。これはまったく商取引で製作所の性格とは違い、単なる商売になってしまう。

そしてゆくゆく、この商取引が高島製作所の命取りになってしまったのです。

倒産

予期しないことが起きてしまいました。

経理を担当した一人が私用のために、社長印を使って手形を乱発し、それが不渡りになってしまったのです。

あとでわかったのですが、この男はうちに採用される前は刑務所に知能犯として入獄していて、出所して間もなく、うちで働きはじめたようです。なかなかのやり手で、私は信じきって社長印を預けていたのです。ちょうどこの時、私は集金や受託のため二〜三日地方に出張中で、連絡がついたときは不渡りが公表された後。もうどうすることもできませんでした。

男はそれっきり姿を消し、再び社にもどることはありませんでした。私はそれまでとは一転、お金のとりたての人々に囲まれる結果となってしまったのです。

突然だったので、一時はなすすべもなくその対応方法に迷いました。

結果として債権者会議を開き、三年間で分割払いをすることで和解しました。裁判所の差し押さえの札が機械、器具に貼られました。三年分の支払明細書を裁判所に提出し、裁判所から債権者に支払い金額と期日の書類が届けられたようでした。一、二カ月で職人は散り散りに社を後にしていき、残ったのは障害者の職人一人だけとなってしまいました。

これからどうして負債を処理していこうか。苦しい日々が続きました。幸いなことに、全くの素人だが夫婦で仕事を手伝ってくれる人があらわれ、私と四人でようやく機械のスイッチを入れることになったのです。

苦しみの反対側に、生涯忘れることのできない感謝の数々もありました。

早速かけつけてくれたのは今の自衛隊、当時は別の名前で呼ばれていた部隊である。この係官がまだ納品もしていないのにストーブ台（百台以上だったと思う）の納品、請求書を作れというのです。納品まではまだ数日を要するのです。しかしその日のうちに代金を払ってくれました。今だったら大変なことです。隊の仕事は随分させてもらいました。

先生がボーナスをそっくり、すすんで貸してくれたことも、その一つです。月寒中学校の先生と恵庭中学校の先生です。二人とも私より先にあの世に逝ってしまいましたが、いまなお感謝の気持ちでいっぱいです。

それから、もう役所の名前も忘れてしまいましたが、労災関係の税金のことです。ある日、役所から電話がかかってきて、印鑑を持って出頭するようにとのことでした。てっきり納付していないので始末書か誓約書でも書かされるのだろうとおそるおそる参上したのですが、ちょっと様子がちがうのです。

その課長さんが交通事故で急死したそうです。課長の机の上から出てきたメモに高島製作所の納付金を免除してやりたい、とあったらしいのです。課長の意思を尊重して納付金を免除することになったので、この書類に捺印しなさい、という思いもよらない出来事でした。なぜ課長がそう思ってくださったのか、その理由は今も分からないままです。

また別の不思議な出来事です。

ある日の夕方でした。倒産のこと気の毒に思います、もしよかったらこの金、使ってください。期間は一年、金利は銀行金利。渡された札束は百万円でした。声も動作も紳士的で、世の中にはこんなすばらしい人もいるのかなと思いました。

一年たって約束通り百万円に銀行金利を少し加えて、返済のため自宅を訪ねたのです。ところがそこで意外な言葉を聞かされたのです。

「実は……まさか返ってくるとは思わなかった。倒産した場合、再起できなくなるのがほとんどである。それで、その債権者の仲間入りをして、出した金以上のものをねらって、投資のつもりでやったことなんだ。今までに返金できた例は一回もなかった」ということ。その金は債権者に迷惑をかけることなく返済できたのです。

そればかりか、その後、資材の仕入れなどにも力を貸してくれて再建力になってくれたのです。そのことを人に話したら、実はその方は有名なやくざの親分であることが分かったのです。でも私にとっては恩人でした。

執行人の書き違い

三年目の終わりに近い頃だったと記憶しています。役所から呼び出しがありました。十二月分の支払いは大丈夫かとの話でした。四苦八苦して支払ってきた状況を見かねてのことだと思います。心配のとおり、事実十二月の支払は絶望的だったのです。するとと、十二月分の支払いは役所の手違いということで、一カ月延期ということにしてくださったのです。有難かったです。

こうして返済三年の約束は無事終了しました。私の人生での大きな谷間を何とか生き延びられたのも皆さんの不思議なほどのご好意があったからだと今でも思っています。

たった四人で、しかも満足な職人が一人もいないのに多額の負債を片付けることができました。

たまたま幸運な時期だったともいえます。小中学校の体育館に助木が急速に設備されることになった時期と重なったのです。それに適したのが、工場の東側に廃材のように山と積まれた、やちだもです。日高の産で砂が混ざって工具がいたむというので職人が嫌って使わなかった、あのやちだもが、助木になくてはならない弾力のある特別な木材だったのです。この山が全部助木に変わったのです。幸運とはこういうことなんですね。

各小中学校から注文が殺到したのです。夜中まで働きました。お陰で借金のほとんどが終わりました。もう機械を動かす力もなくなるほど疲れ切りました。

負債を返済し終わり、夢中になって働いてくれた二人の夫妻とはこれでわかれることになりました。障害者の職人は国の援助で生活できるのでこれを最後に工場を去りました。

人けのない工場でただ一人、これまでを振り返り今後の方針を考えるみじめな私でした。機械に貼られた差し押さえの紙もはがされ、静寂な機械置場となったのです。

第4章

理想の幼児教育を求めて

最後の仕事、幼児教育へ

気の抜けたような工場も、それから次男と友人の弟の二人を加えて細々と続けることになりました。その頃もみじ台という団地が開発され（もみじ台地区は、青葉町に続いて、昭和四十九年から五十五年にかけて、札幌市が造成した住宅団地）、一大団地ができることになりました。広大な土地が区画整理されていき、次第に街並みが想像できるようになってきました。あちこちに家も建ちはじめ、幼稚園らしい敷地がはっきりしてきた頃です。

その頃、近くで、本郷幼稚園を経営していた大谷さんの長男さんが訪ねてこられました。もみじ台に幼稚園を開設したいが、そこの園長をやってみないかと言うのです。

製作所の仕事に希望を失っていた時だったので、できるだけ協力してやってみたいと返事をし、幼稚園の施設や方針についていろいろと協議しました。

こうして幼稚園にたずさわることとなっていきました。

施設としてこだわったのは、廊下を普通の倍の広さとして、半分を畑と池にしたことです。廊下の南側は畑と池で冬でも草花が見られ、魚のおよいでいるのが観察できるようにしたのです。

子どもが鯉の泳いでいるのを見て飛び込んだことが、二度もありました。秋には廊下にぶどうが実って子どもたちを喜ばせました。

教師は遠くに住んでいたので毎朝、私が各戸を廻って子どもたちを園に送りこまねばなりませんでした。バスにも乗って子どもの乗降の手伝いをしたものです。範囲も野幌の団地までだったのでバスの運転も大変だったことを思い出します。

しかし、経営上のことで意見の不一致があり、やむなく一年でしりぞくことになってしまいました。またもや夢が消えることになったのです。だが、そこの先生方は優秀揃いで三十年すぎた今でも文通しています。今では立派な主婦として一家をささえているのを思い、楽しい昔を偲んでいます。

たまたま月寒で生長の家の誌友会があるから出てみないか、という誘いがあったので顔を出してみました。

その時、私のことが話題となり、今後のことなどについて質問もありました。工場経営に失敗したことはみんな知っていました。今後どうするかということになり、その時、幼稚園をやってみたいということを話したのですが、幼稚園といっても一文なしではできるものではありません。希望にすぎないこともつけ加えたのですが、一同から思いもよらぬ声がきかれたのです。

百万円単位で十人くらいから金を出すからやってみたらと言われたのです。中には一年後だったら三百万用意できるという人もいました。みんながこんなに応援してくれるとは夢にも思いませんでした。

私には、また希望がわいてきました。

早速、以前お世話になった信用金庫の支店長に話してみました。資金提供の話はありがたいことだが、長い間にはそうした善意の人を傷つけることもあるからその申し出は感謝して断りなさい。その代わり私の方で力を貸すから、と私にとってはとてもうれしい話でした。何せ倒産してから銀行の世話になるのは手形をこっそり割ってもらうことくらいだったからです。

それで希望がまたわきあがりました。早速、もみじ台で用地を下調べし、園舎、園地の施設などの設計にとりかかったのです。

そんなことをしていた頃、二、三人の婦人が私の家を訪ねてきました。話をきけばもみじ台に幼稚園をつくるそうだが清田の方に変更してほしいというのです。清田の団地には相当数の子どもがいるが幼稚園がなく、他地区にある幼稚園に行かせなくてはならず大変困っているので変更してほしいというのです。

他所よりも足元。予定を変更してまず土地の取得にかかりました。地区にふさわしいところはないかと探し歩きました。そして今の場所に的を当てたのです。当時は坪一万円位が相場でした。しかし所有者は土地成金で、相場では手離さないだろうという話でした。

そんなことで、思いきって坪二万円で売ってくれるように話をすすめたら何の条件もなしに話が決まりました。手持ちの金で二千万円の売買が成立したわけです。建築資金はまだはっきりと決まったわけではなかったのですが、信金の支店長が転任しない限りなんとかなると思って準備にかかりました。

するとまた、幸運がやってきたのです。中学校時代のクラス会が定山渓でありました。二十人くらいの集まりだったように思います。

同期の中には拓銀の幹部クラスの高島一雄君と檜森進の両君もいました。酒もだいぶまわった頃、司会の大野君がみんなの前で二人の拓銀幹部に物申しはじめたのです。

「高島が幼稚園をはじめようとしているが仕事の失敗で今、大変苦労している。拓銀さん、この際、人肌脱いで応援してくれないかな」と切り出したのです。そして、酒もだいぶまわっていたので簡単にわかったわかったと承知してくれたのです。大野君は、「それでこそわれわれの仲間だ」と大きく二人をもちあげたものです。

翌朝、朝食の時間に大野君が昨晩の話を持ち出したが、彼ら二人は何のことだか分かっていませんでした。再び大野君が幼稚園のことを一通り話し、二人はもう引くわけにはいかなくなり、ついに話が決まってしまったのです。

早速、月寒の支店長にその話を伝え、さしあたり一億の金は用意してもらえることに決まったのです。大野君には本当に感謝です。

これですべて難題は解消したことになったわけです。学事課は好意的に書類や注意事項を丁寧に指導してくださり、翌年の四月までにすべて完了するように指示されました。

いよいよ幼稚園をやることになったわけですが、初心となる当時の私の考えを書き記しておきます。

○当時横綱だった二子山親方のテレビ談話で感心した話。親方も弟子も明朝が待ちどおしい、そういう毎日を送るようにしている。

○時実利彦東大教授の脳細胞の発達についての話。０歳から三歳までに発達が急成長し、四歳で少々ゆるやかになり六歳で再び急成長し、その時に七十パーセントの働きをする。そして残りの三十パーセントは小学校の五年生。その成長期に刺激を与えることが大切で、その結果が人生を左右する。というお話でした。

これらの話が、私の幼児教育に対する大いなる刺激となったのです。

どういう幼稚園にしたらよいか？

私が仕事柄、たくさんの幼稚園を見たし仕事もさせてもらった。そしてどこの園長も「幼児教育は遊びにはじまり遊びに終わる」とおっしゃいます。だがそれにしては遊びの場、遊びの種類などあまり考えられていないと思いました。

もっと子どもの世界を研究すべきではないだろうか。どこの幼稚園も、小学校を小さくした、そして文部省から指定されていた滑り台、ブランコ、シーソーがあるだけ。園内に入るとボールと積み木、トランポリンがあれば進んだ幼稚園に見えるほど。

子ども世界の研究――それが当時の私の目標でした。幼稚園の屋根をガラスにしよう。そして冬でも青々とした樹木の下で遊ばせてやりたい。園内に川を流し、魚を放して観察させるのも面白い。動物も小鳥も園内に放し飼いして幼児と生活を一つにやるのも面白いではないか、試したいことが山ほどありました。

幼稚園をつくるのならば、広い園舎でなければならない。狭くては私の思った教育ができないのです。

建物は立派でなくていいので、広いことを第一条件にするには解体の建物を利用するのも一方法ではないかと考えました。解体屋の小笠原金属に出向き、社長にその理由を話したら大乗り気になって一緒に見てまわってくれました。解体の可能性のあるところを軒並み見て歩きました。最後に苗穂駅の近くに配送センターがあり、解体しそうだということもわかりました。

配送センターだから屋根があるだけで壁がない。まるで駅のホームのような格好です。社長は先方と交渉し、取り壊しが決定しました。解体費用は所有者が払ってくれるので、私のほうは鉄材に少し色をつけるだけでよかったのです。ただ丁寧に解体しなければならないので、費用はたしか二千万円くらいだったと思います。そのまま組み立て、壁をつければ格好がつくわけで、拓銀の一億円でだいたい形だけはでき上がることになりました。

建築は先のもみじ台幼稚園をお願いした建築家に依頼しました。苫小牧の海岸から大きな流木が運びこまれ、池もできて鮒や鯉を放し、私らしい園ができてきました。

　こうして、昭和五十二年四月、学校法人理想学園・光の泉幼稚園が誕生しました。

　園舎には直径三メートルほどの暖炉が設けられ、火を囲んで昼食をとれるようにし、天上には夜の星座もつくりました。園内には鶏、うさぎ、キジ、いろいろな鳥類、そして孔雀も揃って賑やかな幼稚園ができあがりました。

　あちこちのテレビ局も来ました。参観者もみえるようになり、変わった幼稚園として話題にのぼるようになったのです。

理想学園の教育

思い出してください。
初めて子供が生まれたときのことを、

思い出してください。
そのとき子供の未来をどう描きましたか、
そして子供にどんなことを約束しましたか

日本の若者を夢が持てなくなったのは夢をかなえることで得られる快という報酬よりも、その過程で被る不快を恐れる気持ちの方が大きくなっているからだと言われています。そして、その原因は次の３つだと言われています。

1. 誰もが認める明確な報酬がなくなっている。
2. 最初の社会となる学校で、いじめや挫折など、トラウマ（心的外傷）になるようなことを経験した。
3. 子供のころの育ちが原因で、きちんと前頭前野が発達していない。

当学園では上記の３つを解消するために次のように取り組んでいます。

1. 自己肯定感を育て、絶対的自信を育てるようにしています。
2. 競争原理ではなく、協力原理（対立観ではなく一体観）で育てています。
3. もっとも人間らしい前頭前野を育てるために発達の法則に沿った、子供が子供らしく育つための環境を整備し、子育ての王道に沿った保育の方法を行っています。

子供中心に創った幼稚園

子供を型にはめて育てるのはすぐに良い結果に導くことができますが、それでは子供が本来生まれ持って来たものを引き出すことができなくなるのではないかとの思いから、子供の立場に立った幼稚園作りをしたいとの思いで創った幼稚園です。

子供の立場に立ってみると大人が子供のために良かれと思ってやっている事に間違いが沢山あることに気がつきました。

大人には力があるので、本当は子供のためによくない事でも押し付けることができます。押しつけられた子供はその時は嫌でも言うことを聞くしかありません。でもそれは歪となって子供の中に残ります。そしてその歪は思春期以降に大きくなって外に出てきます。どんなことでも原因（幼児期の教育）は必ず結果（青少年期以降）に現れます。ですから私達は子供にとって良い教育、すなわち、子供の成長本位の教育をしたいと思っています。

子供が本来成長する法則（プロセス）は、何千万年もかけて人類が編み出したものです。したがって、それを踏み外しての健康な成長はあり得ないと思っています。ですから、子供が本来成長発達する法則に従って育てた方がやがて子供はもちろん、親も幸せになれることは間違いのないことです。

【当学園が力を入れているＳＩ遊び、
タングラムは法則にかなった遊びです】

（ア）　体を動かす工夫、手を使うことから考えることが始まる
（イ）　好きなことをすることは知能を伸ばす
（ウ）　繰り返すことで知能は伸びる
（エ）　自分の能力に合ったことをすることで知能は伸びる
【無理な課題を押し付けてはならない】
（オ）　友達や先生と一緒にやることで知能を伸ばす
（カ）　自己管理能力を増すと知能を伸ばす
（キ）　悪い習慣をやめると自己管理能力が伸びる
（ク）　自主性を育てることで知能が伸びる
（ケ）　頭の良い子にするためには気持ちを育てる
（コ）　知能を伸ばすには考えさせることで、教えることではない
【ＳＩ遊びは考えさせる保育です】
（サ）　知能が伸びる時期に徹底して伸ばす

園児、教師、親などの話を少し書きとめておきます。

ある障害のある子どもがいました。職員室に入ってきては職員の机の引き出しを引っ張り出し、床にひっくり返すのが楽しいらしい。そしてその中からいくつか拾って並べるのです。それが毎日繰り返されます。

大変でしたが、そんな彼も、卒園して北広島の輪厚の学校に入学することになりました。少し心配だったので私はよその学校はやめてこの学校の入学式に来賓として出席しました。学校長の挨拶が始まった途端、彼はちょこちょこと演壇に上がっていきました。そして正面の飾りにさわり出したのです。式場すべての人がそちらの方に視線を向けました。次は何をするのかと注目しているのです。

学校長の話を聞いているものは少なかったと思います。父兄席の母親は見るのも気の毒な格好で下を向いたままでした。校長の話が終わると私は起立して司会の先生にお話して一言いわせてもらうことにしたのです。これも前代未聞のことでしょう。式順を来賓が変えたのですから。

「在校生の皆さん、私は幼稚園の園長です。今皆さんは彼を見てびっくりしたと思います。この子はどうしてもこの学校に入りたいというので、よその学校だったのを変更してここに入学したのです。幼稚園でも大変手がかかりましたが、ずいぶんよくなったのです。皆さんの力を借りてこの子をいい子どもにしてやりたいのです。皆さん大変でしょうが面倒を見てやってください。父兄の皆さん、先生方、どうかこの子の将来を考えて、力を貸していただきたいのです。この大切な入学式に式順を変更して申し訳ありませんが、よろしくお願いします」と話しました。

今この子は三十歳くらい。稚内郊外の山あいで父母と酪農を営んでいます。一家の柱として頑張っている彼の、少年時代の思い出です。

次に、ある障害をもつ子の母親の話です。

この一家は地方の人でした。札幌へ行ったらこの障害児を見てくれる幼稚園があるだろう、と苦心して札幌へ引っ越してきたのです。

ある宗教関係の幼稚園に入園できたのですが、何日かして、当園ではとてもこの子はみていけません。清田に光の泉という幼稚園があるが、そこならみてもらえると思うからと言われ、登園を断られたというのです。

なるほど言うことを聞きそうもない多動児でした。教室には一切入りません。来るとすぐ動物の場所へ行ってしまうのです。うさぎが大好きで何匹ものうさぎをかかえて遊んでいるのです。

私はお母さんに宿題を出しました。お子さんの長所を毎日大学ノートに書いてくださいと。

しかし、お母さんは、うちの子に長所とは無理です、というのです。

それで言いました。朝起きた時グズりますか？　いいえそんなことはありません。ではそれも長所でしょう、人並みすぐれていることを長所と考えず、ありふれたことを長所と認めてやることです、といいました。

何とか書き出したのですが、何日かしたらもう書くことがありませんと言い出しました。それで前の長所はなくなったのですかとたずねたら、毎日同じなんですといいます。結構じゃないですか、同じことでも長所は長所ですよ。

こんな具合に同じことを毎日書いては私のところへ持ってきてくれます。そうすると、今まで書いたことのない長所がたまにあらわれるのです。そんな時は私も共に喜びます。

先に希望をもてるようになりました。入園から卒園まで一年半でした。ほとんど教室に入らずに終わりましたが、子どもの長所は大学ノートに三冊。見事な労作でした。卒園式の日、母の鏡として表彰状を贈り労苦をねぎらいました。

この子が小学校を卒業する時、その卒業証書授与の様子を見ました。涙が出るほど正しい受取り方でした。年賀状のやりとりは今もかかさず自筆で続けられています。

次に、根気くらべのお話です。きかん坊の年長児でした。

光の泉には長さ十メートルの池があります。鯉や鮒がゆうゆうと泳いでいます。ここだけは屋根はプラスチックで太陽の光が直接あたるようになっています。春の日、私は咲き出したつつじの鉢植えを池のふちに並べて鑑賞させることにしたのです。ところがこのきかん坊は私のいない時に来て、この鉢を池の中に蹴り落とすのです。私はそれを拾い上げて又並べ直すのです。次の日、また池の中に鉢がひっくりかえっているのです。同じようにまた拾いあげて並べておくのです。

こんなことが何日か続いたある日、大変なことがおきたのです。一番大きな鉢が池の中に落ちてこわれているのです。

私は縄やガムテープで修理しはじめました。犯人は遠くで私のやることを小さくなってみているのがわかりました。私はいつものように直した鉢をいつものように並べて何もなかったように振る舞いました。子どもたちにも何も言いませんでした。

その子はそれっきり鉢を池に蹴り落とすことがなくなりました。この子が小学校を卒業する時、卒業生を代表する優れた子どもに成長したことを大勢の父兄から聞かされ、私もとてもうれしく思いました。

次は、ある先生の話です。

二、三人で大通りだったか、すすきのだったかを散歩していたようです。ちょうどその時、トヨタの観光団が観光散策をしていたそうです。その一行の中の一青年がつかつかと寄ってきて先生に名前と住所を訊ねたそうです。一行が帰社して間もなく、再び札幌にやって来て、彼女に求婚したそうです。

その熱心さとトヨタの仕事にほれこんで承諾したらしいのです。そのため幼稚園の在籍も短く、惜しまれつつ名古屋の人となってしまいました。今は三人の男の子に恵まれ幸せに暮らしています。

つみき幼稚園

光の泉を開設して十年ほど経った頃、園児は年々増えて三百人くらいになりました。こうなってはもう園長の目が届きません。園長の家庭訪問も廻りきれないほどの数になってしまったのです。

その頃、地域ごとに四、五人ほど集まってもらい園児のことや幼稚園の希望など話し合うのが私の仕事だったのです。こんなに園児が増えたら教育の効果は上がらないと考えるようになりました。そして事あるごとに父兄に話して分割を考えるようになりました。するとニ人の父兄から土地の提供の話があったのです。一カ所は真栄で五千坪。もう一つは大曲の三六号線から少し入ったところで一万五千坪。

最初の方はＰＴＡ会長の土地で、川に沿った裏山のある幼児教育にはとてもよい環境だったのですが、光の泉幼稚園が近すぎて認可はされないだろうと断念せざるを得ませんでした。

一方、大曲の方は緩やかな南斜面で土地の中を小川が流れている絶好の園地。広大で理想的な幼稚園を生み出せる好環境。前の話といい、この大曲の土地といい、永久無償貸与。

だがこの大曲の土地も園児を集めるのには時期尚早でした。こうして父兄の行為も受けることができず次を探さねばなりませんでした。

そして三番目にあがったのは、三六号線沿いの里塚と清田の境目の土地で、これは有料の貸与か買い取りが条件でした。早速ここに決め、設計書を携えて学事課に出向いたら、一応承認の内諾を得ましたが、学事課の現地調査の日、あまりに多い交通量に幼児には危険地帯ということで否決されてしまったのです。万事休すの状態となってしまいました。急いで次を探すように指示され、これまた断念しなければならなくなりました。

その後、時間の許す限り土地探しに走り回りましたが、バブル景気で土地の価格はどんどん上昇し、坪二十万円を超えるようになってしまいました。交通の便利な場所は望めなくなってしまったのです。

その頃、現在園が建っている土地の売買のうわさを耳にしたので早速申し込みました。坪数は千二百坪。価格は一億円でした。それで銀行とも打ち合わせていよいよ最終段階に来たと思ったら、販売会社から他の業者からどうしてもという申し出があり、その条件として三日以内に現金を持参した方に渡すことにしたから承知してくれというのです。

一方はお寺の新設で、斜面と樹木が気に入ったらしいのです。

三日で一億、それは私にとっては難題でした。でも頼んでみなくては始まらないと思い、すぐ拓銀にいったら予想に反してOKしてくれたのです。うれしかったです。こんないきさつで、土地が確定したのです。

こうして、学事課に報告に出向きました。ところが、いつもの学事課とはすっかり変わっていました。前の担当者も変わってしまい、新任の方はまったく冷たい対応でした。そして言われたのは、認可はむずかしいという思わぬ結果です。

そして不認可の理由を二、三説明していました。土地は借金して購入済み、不認可、どうしよう。私は困り果てこのことを父兄に話しました。すると単独で学事課に交渉にいった人もいました。一部の人は署名活動を始めました。政治にくわしい一父兄は道会議員を動かし認可復活に動き出したのです。

父兄の中には以前新聞記者だった人もいて色々と知恵を貸してくれたのです。この問題は文部省に届き、内政部長に善処の依頼もあったようです。

私は学事課に不認可の撤回をもとめて、一大決心で出向き、一時間以上の激論を戦わせました。

認可がおりない理由の一つは、周辺には十分幼稚園ができたこと。二つ目は資金のないこと、三つ目は最大の理由、近所にモーテルがあって教育的環境ではないということでした。

近所に幼稚園ができたことについては、その園を認可する際に、私の計画を十分知った上で認可したことであり、今そのことでこちらが不認可というのでは以前からの私の計画を無視したものではないか。第二の資金不足でという理由が正当であるなら、私より資金不足の某氏にどうして認可したのか。そして第三のモーテルの件、子どもと何の関係があるのかよく考えてください、と返答を迫ったが、ほとんど返事にならない状態でした。

課内の職員はほとんど仕事の手をとめて、私の攻撃的理由を聞いていましたが、未だかつてない荒れた空気だったと思います。帰りしなに課長が帰ってきましたが、あっさり挨拶して退席しました。

道議とは後に副議長まで務めた大内さんです。一度一緒に学事課を訪れたことがあります。私は、道議だから一段高い姿勢で話すのかと思ったら全く違っていました。一係員にそれは丁重な言葉で、幼児教育に骨折っている高島に何とか力になってほしいという態度でした。その後も何度となく交渉にいってくれたらしく、この大内さんの説得と父兄の嘆願書が効を奏してそれから一年後、ようやく認可されることになったのです。

一つの仕事を成し遂げるということには、これくらいの苦労はつきものなのかもしれない。そんな目で世の中の企業を見るようになりました。

こうしてつみき幼稚園はスタートすることになったのです。

しかし余分な資金があるわけではなし、一生懸命知恵をしぼりました。その結果、この幼稚園はみんなの力を借りて実現することにしようと決めました。まずは各家庭にあるあまりものを集めることから始めました。例えば必要なくなった木材、板切れ一枚でもいいので提供してほしい。いらなくなった畳なども、欲しいものとしてあげて、お願いしました。今、園内にある畳はその時のものを裏返しして使っているのです。

家庭の延長として子どもたちに自分の家と思わせるためです。ロッカーも集まりました。花瓶や額縁、人形や玩具など毎日のように運び込まれました。洞爺湖のホテル改装で出た、ガラスケースや給食の食器なども沢山、軽トラックで運んだも

のです。布や電気器具、つつじやバラの木、それに庭石など。手を合わせておがみたいほどの厚意によって誕生したのがつみき幼稚園なのです。

ですから今も、つみき幼稚園は私個人のものだと思っていません。みんなの真心が実った幼稚園だと思い理想的な幼稚園にしなければならないと、毎日思いつづけて来ました。

まずはどんな幼稚園にしたらいいか、環境をどう整えるか――都会の子どもに自然を――そのことからはじめたのです。

私の持論は幼児には山あり川あり海ありが最も望ましい条件だということです。アスファルトやセメントの上で生活させるのはかわいそうです。私の幼児期はこの自然に恵まれていました。幸い、当園は不思議なくらい、樹種の多い森林にかこま

れています。傾斜もほどよく山には恵まれました。

川はポンプを利用して循環させることによって流れを演出しました。太い木の根を掘りおこしてプールも自己流に造りました。

しかし、海には困りました。それで教室の一部を海岸の砂場に見たて、壁に海の絵を描いて海辺の砂場で遊ぶということにしたのです。貝殻も集めました。魚の模型もぶら下げて少しでも海を印象づけようとしたのです。

園内はおもちゃの部屋や遊びの部屋、体育の部屋などをつくり、一日中子どもがあきないで遊べるように工夫したつもりです。

お陰で親が迎えに来ても、親を待たせて遊ぶ光景が見られるようになりました。

「幼児教育は遊びにはじまり遊びに終わる」と多くの人が言います。だが、その割りに遊びについ

ての具体的な例が伝わってきません。幼稚園のどこに遊び場が用意されているのでしょう。

狭い教室、そこには数多くの机、腰掛けの他にピアノ、棚、教卓、マント掛けなどがあり、遊びの場所はありません。ホールは全員の遊び場となっているが、一人の占める面積はほんのわずかで物を持ち出して遊べるところはありません。

これは、幼稚園は小学校を小さくしたという発想からこのようにしてしまったのではないか。子どもの立場から考えたら、幼稚園のあるべき姿が生まれてくるはずだと思いました。

先ず砂場を室内にとりいれてみました。子どもの大好きな遊び場だし、雨、風にも左右されず、長い冬の北海道では最も考えなければならない遊び場だと思ったからです。これは大成功でした。

山を作る子ども、型枠で果物を作るもの、玩具

の汽車でトンネルを作るなど、創造は止まりません。エゾ松や萩の小枝を使って並木道を作り、街を完成させたこともあります。

「おもちゃの部屋」も考えました。お人形、ドミノ、ブロック、パズル、レールの列車遊び、文字遊び、等々。種類も多く、またたくまに二つの戸棚はいっぱいになり、あふれたブロックやドミノはケースに入れて、これも窓側いっぱいとなってしまいました。模型を組立て遊ぶ者、動物の模型を並べて遊ぶ子、ここもいつも繁盛しています。遊びやすいように直径二メートル、高さ三十センチほどの円いテーブルにしました。

ホールの隣りに、教室の二・五倍くらいの部屋を作り、「体育の部屋」とし、大型の回転滑り台、数々のブロック、トランポリン、鉄棒、

吊縄、巧技台、ボールプール等々を入れました。

家庭の延長として畳の部屋も作りました。のんびりと横にもなれる部屋です。ここでは父兄の作ったエプロンシアターや紙芝居の場所ともなります。机は座卓としました。

一階は図書室です。外国の絵本も飾りました。貸し出しも盛んに行なわれて、図書室の効果も子どもたちに芽生えてくることだろうと思います。

ここでは図書の外にタングラムが行なわれています。七つの板片でいろいろな形を作りあげていく遊びですが、これはもともと大人の遊びでした。それが当園としては重要な位置をしめる教材となっています。

八十枚の影絵式の型紙に、木片七枚を正確にはめ込む遊びです。中には教師もてこずるような困難なものもあります。この八十枚を完成すると賞状がもらえるのです。年長児は歯を食いしばって挑戦。毎年全員が完成して卒園していきます。うちの子どもたちがねばり強い、我慢づよいと言われるのはここから来ているのです。普段はくねくね棒や磁石あそび、スウェーデンやデンマークの教育玩具等で賑わっています。

「作る部屋」は説明するまでもない工作室です。九十×百八十センチの工作台を中心に、戸棚、ガラスケースは作品、素材で満杯。普段から素材の収集につとめているので、棚上のボール箱もぎっしりとつまっています。

「音楽の部屋」は、普通の教室にステージを加えたので、その分、広くなりました。楽器に合わせるように横長の机にし、色々な楽器を壁に飾ろうとしましたが、これはいまだ実現していません。音楽の雰囲気を出したいと思ったのですが、なかなかむずかしいことです。

私が光の泉幼稚園を企画している頃でした。東大の先生が脳の発達について発表したのをＮＨＫで大きく取り上げていました。就学までに脳細胞の七割が発達し、この時、この細胞に刺激を与えないと、将来、活動を中止したままで終わるというのです。幼児期が脳にとって最も大切な時期であることが説かれていました。

ちょうどその頃です。アメリカから数人の女性の講師がみえて、札幌の文化会館で講習会がありました。あとでわかったのですが、これがＳＩ教育だったのです。

東大の先生の話といい、このアメリカの教育が私の頭を離れませんでした。そして数年後、実施に踏み切ったのです。その頃すでに札幌でも一、二の幼稚園が実施に移っていました。第一に私を惹きつけたのは、教師の子どもに対する言葉がけの重要さです。これはまず教師のための教育法だと思ったことです。軽率に言葉がけをしてはならないということです。

脳に刺激を与える教材も実によく研究されていましたし、系統立っていたのに加え、子どもが楽しみ、自ら学ぶように工夫されていることでした。

私は幼児教育の最重要教材として「考える部屋」を計画したのです。春には初任者教育、夏は宿泊での全職員への講習と研究、秋に父兄と教師への講習という具合で、東京の研究所も国家的な教育へと多忙な日々を送っているようです。

私の教育目標も、第一に考える子ども、第二にねばり強い子ども、第三に努力する子ども、にしています。

私は、自由時間が設定時間に劣らず子どもたちの心を育てていることを知りました。そして改めて、小学校を小さくしたものが幼稚園という考えをなくしたいと考えています。よく教室の運営をたずねられますが、それは簡単です。朝会のあと、教師が先頭に、月曜は「おもちゃの部屋」、火曜は「考える部屋」、と割り当てられたとおり、一週間にすべての部屋をまわることになるわけです。

外遊びのこだわりも様々あります。傾斜地の園地なので、これを利用して滑り台を作りました。ローラー滑り台です。手製なので、ローラー販売の会社も協力してくれて、割安に完成しました。

脚でこぐ汽車も傾斜地のために一苦労しましたが、高い所を走るため、それだけ子どもたちの喜びも大きいようです。手作りとありあわせの資材を使うためあかぬけしませんが、それでも子どもたちはとても喜んで遊んでくれます。

プールも土を掘りおこし、ビニールを敷いて底と壁を作ったお粗末なものですが、天上から射す太陽に照らされて温水となり、せっかく用意した温水器はほとんど使われないありさまです。

冬の階段も七十段、これも手製でビニールのトンネルをつくったため、かえって冬を楽しむ昇り降りとなっています。見上げるような大木のもとで、遊びまわる子どもたちを見るたびに、いいところに陣取ったな、といつも幸福感にひたっています。

ＳＩ教育について

ギルフォードＳＩ教育委員会代表　白濱洋征

●「ＳＩあそび」とは

「ＳＩあそび」とは創造性教育の先駆者Ｊ・Ｐ・ギルフォード博士（1897-1987・南カルフォルニア大学）の知能構造理論（Structure of Intellect　ＳＩ理論）に立脚した幼児教育プログラムです。知能の発達が著しい幼児期に「自分の頭で考える」ことを習慣化し、いろいろな頭の使い方を幅広く体験することによって、柔軟な発想や応用力を育てることを目指します。

たとえば年長児（5～6歳）のあそびに「ことばのリングつなぎ」という課題があります。時計・ハンガー・郵便受けなど、身の回りや家庭の中でよく見かけるものが描かれた24枚のカードの中から、同じ仲間だと思うカードを3枚ずつリングでつなげて完成させます。新聞と本とテレビの絵カードを集めて「見るものの仲間」としたり、ごみ箱と冷蔵庫とタンスの絵カードを「モノを入れる仲間」としたり。子どもたちはおのおのの考え方で進めていきます。ある子は、電気掃除機と電卓とテーブルで仲間をつくり、「掃除機はモーターで動く。電卓は手で押すと動く。テーブルは地震がくると動く。だから動く仲間だよ」と答えました。またある子は、リュックサックとラジカセと電話を仲間にして、その理由を「かける仲間」としました。こうしたやわらかな発想は、私たち大人にはとても及びのつかないものです。

また年中児（4〜5歳）のあそびに、同じ大きさの三角形のカードを何枚か使って、意味のある形を作る「かたちのおもいつき」という課題があります。「4枚使って思いついた形を作ってみよう」という課題に対して、猫の目と

か橋とかメガネとか、いろいろな考えが子どもたちからどんどん出てきます。三角形を４枚しか使えないという条件（制約）があるので当然考えを出すときに難儀しますが、だからこそ考えが深まるのです。

いずれも、あそびに熱中し、没頭し、じっくり考えることで集中力や忍耐力が身についていきます。

「ＳＩあそび」をおこなうときに、次のことを心がけています。

・教えるのでなく、やろうとする気持ちや好奇心を引きだす。
・結果（できる、できない）を一切問わない。過程（取り組む姿勢）を重視する。
・子ども同士を比べない。競争させない。
・おのおののペースで進んでいくようにする。（一人ひとりの違いを受け入れる）
・関心をもって見守る。極力口や手を出さない。子どもに任せる。

これは「ＳＩあそび」に限らず、子どもの遊びに大人がかかわる時に常に大切な態度ではないでしょうか。

●子育てで大切にしたいこと

子どもの自発性を生かす

あらゆる活動は、その子がその気になって初めて成り立ちます。子どもが自分からやろうとすることは全て思考活動です。ボタンをはめる、靴を履く、衣服の着脱……。何度も失敗しやり直し、時間をかけることが、自分で問題を解決するチカラや「必ず何とかなる」という心構えをつくっていきます。

三歳児が一番よく使う言葉は「自分でする」「いやだ」です。そして頑固。それを「わがままな子だ」と親は叱りますが、とんでもない、意欲と集中力に満ちた子どもです。

「できるまで待つ」「遠くから見守る」そして「微笑んであげる」それが三歳までに親がしてあげられることです。どうしても急ぐ親の事情がある時は「早くしなさい」の代わりに、「急いでほしい」と協力をお願いすることが大切です。

注意の集中力

好きな遊びに熱中すると、知らず知らずのうちに集中力や忍耐力が身につきます。「おもしろい」「たのしい」「うれしい」が子どもの意欲の根源です。子どもの興味によりそって、熱中体験をたっぷりさせてください。ちょっとしたことも我慢できない子が、ディズニーランドで3時間、４時間の行列をなぜ待てるのでしょう？　自分の心の中に快（よろこび）がイメージされたときに、苦しいことも我慢できるのです。

「うちの子は飽きっぽい」とか「落ち着きがない」と母親は嘆きますが、そもそも、まったく集中力のない子はいません。落ち着きのない子は叱れば叱るほどますます落ち着きがなくなります。

また、子どもの話をしっかり聴いてあげることも、人の話を聴く力や話す力になります。

◇◇

壁を乗り越える力

何か難しそうな課題に取り組んでいる時に、すぐあきらめる子どもと、もう一度やってみようと挑戦する子の違いは何でしょうか。「ＳＩあそび」の保育でいつも感じるのですが、あきらめる子は課題を「おもしろそう」ではなく「できるか、できないか」でとらえる傾向があります。本当は「やりたい」けれど、できなかったら叱られるから「やりたくない」と言うのです。失敗を叱る、きょうだいや友だち同士を比較する、完全さを要求する、結果だけに注目してほめる。そうした結果主義な親の態度が、消極的で、受け身で、自信のない子（自己肯定感の低い子）を育てていきます。大切なのは、欠点を直そうとするのではなく、長所をのばしてあげることです。

◇◇

やる気の根源は情緒の安定

幼児期は「からだ」と「あたま」と「こころ」が一体になって働いています。「よく眠り、よく食べ、よく遊ぶ」幼児期の生活が毎日規則正しくくりかえされることが、子どもの情緒の安定につながります。情緒が安定してくると、意欲も出てきます。

子どもは、不安になったり緊張したりすることが続いてストレスがたまると、親に甘えることでそれを切りぬけようとします。甘えることは、子どもが自分の心のバランスをとるために不可欠な行為なのです。抱っこ、おんぶ、添い寝、一緒にお風呂に入る、毎日絵本を読んであげる、叱ることをやめて、協力をお願いする……。そういう受けとめ方をしてあげると、子どもの心に勇気がわいてきます。「あるがままの君でいい」というメッセージを送りたいものです。甘えさせるということは甘やかすことではありません。甘やかすことは過干渉、過許可につながり、大人の都合を押し付けることになるのです。

「理想の子どもなんていない。だから子育てはおもしろいし、楽しい」

おわりに寄せて

白濱洋征

高島豊蔵先生はこの夏（平成29年）8月1日にご逝去されました。先生は今年3月まで102歳の現役の園長先生でした。おそらく日本で最高齢の幼稚園園長だったはずです。耳が不自由になられたこともあって実務的な仕事は次男で元園長の高島徹先生が担っておられましたが、昨年の2月までは101歳のご年齢で毎日のように園に顔を出しておられました。

札幌市郊外の里塚の小高い丘陵地に建つ、つみき幼稚園の園舎まで園に隣接する自宅から77段の石段を登って園児たちに会いに行かれました。

園舎は小さな森の中に建っていますが、丘陵地の斜面を利用して造られたローラーすべり台や大きな木々の枝から吊るされたブランコや、つり橋、盛土の中に埋め込まれた土管のトンネル等々、全て先生ご自身がご自分の手で造られたものばかりです。園舎の玄関に通じる先述した石段も園舎の右手にある屋内プールも、園庭のあちこちに点在する木製のベンチも、そして遊具もほぼ先生の手造りです。毎年の夏休みは、先生だけは一日も休むことなく、石段や遊具の補修、園庭のペンキ塗り、花の水やり、花壇の手入れと寸暇を惜しんで作業を続けてこられました。

まるで乳飲み児を一日中あやし続ける母親のように幼稚園児のために心血をそそいでおられました。

先生は62歳で光の泉幼稚園を、72歳でつみき幼稚園を創設されます。ほとんどの人間が定年を迎え、いわば人生の老いの身支度にかかる頃、先生は幼児教育という新しい分野に挑戦されたのです。長く教育の世界と関わった者の集大成を幼児教育という場で成し遂げようとされたのです。

お読みいただいたように、これは単なる先生の自分史ではありません。戦争という不条理で過酷な時代を生き抜いた壮絶な人間ドラマであり、一世紀にわたる日本の教育史であり、民衆の生活の貴重な記録でもあります。

先生は子どもたちから愛され、慕われることにおいては誰一人並ぶことのできない「教師の中の教師」でした。

告別式で83歳の教え子の弔電が読まれましたが、七十余年すぎた今も小学校3年の時に受けもたれた担任との思い出を生き生きと綴られた濃密な教師と生徒の関係に圧倒されました。

本書は先生を幼児教育に向かわせる原点となった幼児体験、教師として歩むことになった道のり、戦時下の樺太での子どもたちとの教育実践。そして壮絶な戦争体験と息をつかせぬドラマが展開されますが、私が最も感動するのは、「一番良いのは教員に戻ることですが、日本の歴史、神の国日本、必ず神風が吹くと説いてきた私がどうして教壇に立てるか、そんなことを考えると再び教職につくことは良心に恥じると考えました」として、教師を天職と信じていた先生が戦後その道を断念された先生の潔さです。

おそらく、先生の人格を貫くこの生き方こそが多くの子どもたちから愛され、奇跡ともいえる幼稚園建設の道を開いたのだと思います。

以下に先生から教えていただいたこと、本書を通して若い教師や母親たちに伝えておきたいことを書き記してみました。

〈学習意欲の根底にあるもの〉

先生はご自身の幼児体験をふり返りながら、幼児期につちかわれるものの大切さを力説しておられます。

私は生涯を通して幼児期にこそ育つ力は①やる気、②忍耐力、③人間関係力だと思います。

我々親や教師にとって意欲といえば子どもに学習意欲を持ってほしいと誰もが期待する

のですが、先生は「私は眼を患っていて、海水が眼に悪いので、美しい山と海に囲まれた漁村に育ったのに海で泳ぐこともぐることもかなわなかった。しかたがないので一日中、教科書を読んでいた。教科書を読むことだけが慰めだった。教科書はすべて暗記した。たいした頭でもないのにいつの間にか勉強のできる子にさせられてしまった」とあります。

生きることは学ぶことといわれるように、人間は本来、自ら学ぼうとする力をもっているのですが、我々大人はどうしても子どもに勉強させようとしてしまいます。子どもの学ぼうとする力を信じてそれを花開かせてあげるのが、大人の仕事ですが、どうしても花開くまで待てません。それどころか学ばせようと強いてしまう。そのことが子どもの持っている可能性を押しつぶしてしまうのだということになかなか気がつきません。

人間は失いながら獲得していく生きものだといわれます。眼病というハンデで、一日中、教科書を読むしかない毎日の明け暮れが、村一番の秀才を育てました。もったいないから中学に行かせてほしいと校長、村長が親に頼みにくるということにまでなります。

現代の子どもたちは幼児期からたくさんのお稽古ごとや塾に行かされています。一時期、高校生の学びからの逃避が問題になりましたが、事実、高校生の7割は一日に一分もノートを開かない、読書にいたっては絶望的な状況です。

学習意欲を育てるにはどうすればよいか。先生の幼児体験は大きな手がかりになるように思います。

〈仕事・交友・愛〉

アドラーは人間が生きていく上で「人生の3つの課題」をあげています。①仕事、②交友、③愛です。

人間は生きている限り仕事をもたねばならない。先生も幼いころから家の仕事をしていましたが、そこから学ぶことは大きかったでしょう。困難や厳しさが人間を造る。

「兄嫁から薄暗くなった夕方、村はずれの店まで石油を買いに行くように一升瓶を背負わされたことがあった。相当遠い道のりを泣きながら時間をかけて用を足した」

「小学校五年生の冬の日の話である。猛吹雪で歩くこともできないほどの浜風の日。当時、学校に休みを知らせる方法がなく、私はなんとか登校しようとした、とても立って歩くことができないので這って学校にたどりついたのである。校長先生もびっくりしたらしく、校長住宅に連れていって温めてくれた」

かつて北海道家庭学校（少年更生施設）の谷晶恒校長が、「厳寒の地（遠軽）と労働が人間をきたえる」と言っていましたが、教育とは「子どもを守り育てる（保護する）ことと、子どもが一人で生きていけるように促していくという矛盾した二つの願いを両立させる営みです。

「昭和八年、それは不況のどん底の時代です。私は勉強会と称して夜分、欠食児を含め、十数人の子どもを集め、皆で山から薪を採ってきて魚や馬鈴薯を一緒に煮つけたりして大勢で食べた」

「日曜日も子どもたちを集めた。子どもと一緒に行動することが楽しかった。子どもと一緒に教材制作にも励んだ。これは教員講習所の頃、ペスタロッチの『教育は何よりも実体験を第一に重視する』という考えを実践した」

「私は暇さえあれば家庭訪問をしようと心がけた。通り一遍の話題ではなくぷらっと出かけて行ってはその空気にとけ込むようにした。どこの家も我が家という親しみのある家となり、よそよそしいことは一切なくなった」

ここには、現代の教育がなくした教師と子どもとの濃密な人間関係（心と心のひびき合い。肌と肌のふれ合い）があります。通り一遍の「家庭調査」ではなく、ひとり一人の子どもを生活まるごと受けとめ、その子によりそっていく。家族のよろこびも悲しみも共に受けとめ、共に笑い、共に悲しむことによって信頼という絆がより強くなっていく。

高島先生の根底にある人間愛、ヒューマニズム。教育は上から下へ施す、上意下達のものとする考え方の正反対にあるものです。単に若い教師の情熱からだけでは語りきれない、教師という仕事への先生の思想・哲学があります。

この家庭訪問は教職を退く敗戦の時まで続けられます。樺太から地図にさえない次の赴任地では、荒廃した部落を青年たちにはたらきかけて村おこしをはかります。今日の疲弊した過疎化の地方の農山村をみる時、高島先生のようなリーダーが一人でも二人でもいればと思います。「観客たった一人の運動会」では、薪割り、部落総出の対抗戦で、観客は村長一人という、運動会という学校行事を村全体をまきこむことで荒廃した部落を救うというすごいアイデアです。

〈教育はアート〉

先生は教師としての実践で高い評価を受けています。国語教育、一人も読めない児童のいない学校への取り組みなどで、研究発表など行ないました。これらが認められ、樺太庁から推薦され官費で北海道大学へ行かせてもらう話がありました。これを5年生が6年生へ持ち上がる担任が受け持てないのがかわいそうだからと、同期の先生に譲ってしまいます。自分の出世よりも目の前の子どもに全力投球しています。

また「当直室はいつも夜遅くまで教師たちが議論していた」とあります（この当直制

は戦後も日本中の小・中学校で昭和三十年代までは存続しています)。北緯五十度、零下四十度にもなる、ストーブ二台を真っ赤に燃やしても部屋が暖まらないような極寒の地でです。

教室で授業するだけでなく、国史の研究会、国史にでてくる史跡の調査。夏休み・冬休みは史跡めぐり。研究会は事情の許すかぎり出席。今日の日本の教師たちが置かれている状況と比較して、高島先生が現役で教壇に立たれていた当時の教師たちの方が、現場の授業や子どもたちとの親密な関係作りや、教材の研究にはるかに没頭できていたという事実は強調しておきたいと思います。

私は教師の仕事は「子どもの可能性をひらくこと」その一点に集中して授業に取り組むことだと考えます。子どもがいきいきと授業に参加し、ひとり一人の子どもに「わかった」「できた」というよろこびと「昨日できなかったことが、今日はできた」という自らの成長のよろこびを日々一つずつ積み重ねていくことだと思っています。

教師はそのことに全力投球すること。子どもの可能性はそれを引き出す必死の働きかけがなければ引き出せないという原理にそって、子どもの学びを豊かにひろげていく。そしてそれを一つでも二つでも実現できるように条件整備をはかる。それが教育の原点のはずです。

教師の働く教育現場をブラック企業とする報道がありました。日本の教師の勤務時間は一日平均十数時間。欧米や福祉の先進国のそれと比較してダントツに長い労働時間です。しかも授業以外の職務に、日々追われているのです。

教師は授業に生きるプロです。授業は「いのち（無限の可能性をもった子ども）といのち（教師として自らが変わる）の響き合い」です。美しく響き合うハーモニーがそこにかもしだされたときにお互いの信頼感と一体感が生まれます。

そのために教材研究は不可欠であり、優れた授業を成り立たせるための絶対条件です。授業はドラマです。予測不可能なことが起こります。教師の予想を超えた授業展開、あるいは意外な子どもの発言、反応。だから授業はおもしろいのです。マニュアル通りにいかないから、まさにいのちといのちの響き合いなのです。子どもは教師の何気ない発言に自らを発見し新しい気づきに導かれたり、また、何気ない発言に傷ついたりするのです。授業は単に教科書をなぞり、それを教え、「テストにでるから覚えておけ」といった、良い学校に入るための手段ではありません。

教材作りにも探究心を終始なくすことなく、真の教育を実践することを貫き通した高島先生の教育は、これからも次の世代に受け継がれるでしょうし、そうしなければならない

高島豊蔵先生と白濱洋征　（平成２１年つみき幼稚園）

と願います。

高島先生の生き方に影響される教育者が一人でも増えることを希望して。

高島先生のご冥福を心からお祈りいたします。

樺太についての、情報、写真提供をいただきました尾形芳秀氏（全国樺太連盟・樺太郷土史研究会幹事・樺太豊原会）、にも深くお礼を申し上げます。

平成29年8月

監修者紹介

白濱洋征（しらはま・ひろゆき）

ＮＰＯギルフォードＳＩ教育協会代表理事。「ＳＩあそび」の指導講師として全国の保育園、幼稚園に赴く。主な著書に『子どもに自信をもたせる育て方』（サンマーク出版）、『うれしい言葉は人を変える』（蒼海出版）、『子どもの心をひらく』（一葉書房）などがある。

高島豊蔵自伝《たかしまとよぞうじでん》
北海道の子どもたちの夢と希望をひらいた真の教育者

2017年11月9日　第1刷発行

著　者　高島豊蔵《たかしまとよぞう》
監　修　白濱洋征
発行者　落合英秋
発行所　株式会社 日本地域社会研究所
〒167-0043　東京都杉並区上荻1-25-1
TEL　(03)5397-1231(代表)
FAX　(03)5397-1237
メールアドレス　tps@n-chiken.com
ホームページ　http://www.n-chiken.com
郵便振替口座　00150-1-41143
印刷所　モリモト印刷株式会社

落丁・乱丁本はお取り替えいたします。
ISBN978-4-89022-196-7

日本地域社会研究所の好評図書

農と食の王国シリーズ

山菜王国

～おいしい日本菜生ビジネス～

中村信也・炭焼三太郎監修／ザ・コミュニティ編…地方創生×自然産業の時代！山村が甦る。大地の恵み・四季折々の独特の風味・料理法も多彩な山菜の魅力に迫り、ふるさと自慢の山菜ビジネスの事例を紹介。「山菜検定」付き！

Ａ５判１９４頁／１８５２円

心身を磨く！美人力レッスン

いい女になる78のヒント

高田建司著…心と体のぜい肉をそぎ落とせば、誰でも知的美人になれる。それには日常の心掛けと努力が第一。玉も磨かざれば光なし。いい女になりたい人必読の書！

４６判１４６頁／１４００円

不登校、学校へ「行きなさい」という前に

～今、わたしたちにできること～

阿部伸一著…学校へ通っていない生徒を学習塾で指導し、保護者をカウンセリングする著者が、これからの可能性を大きく秘めた不登校の子どもたちや、その親たちに送る温かいメッセージ。

４６判１２９頁／１３６０円

あさくさのちょうちん

木村昭平＝絵と文…活気・元気いっぱいの浅草。雷門の赤いちょうちんの中にすむ不思議な女と、おとうさんをさがすひとりぼっちの男の子の切ない物語。

Ｂ５判上製３２頁／１４７０円

生涯学習まちづくりの人材育成

人こそ最大の地域資源である！

瀬沼克彰著…「今日用（教養）がない」「今日行く（教育）ところがない」といわないで、生涯学習に積極的に参加しよう。地域の活気・元気づくりの担い手を育て、みんなで明るい未来を拓こう！と呼びかける提言書。

４６判３２９頁／２４００円

石川啄木と宮沢賢治の人間学

ビールを飲む啄木×サイダーを飲む賢治

佐藤竜一著…東北が生んだ天才的詩人・歌人の石川啄木と国民的詩人・童話作家の宮沢賢治。異なる生き方と軌跡、そして共通点を持つふたりの作家を偲ぶ比較人物論！

４６判１７３頁／１６００円

日本地域社会研究所の好評図書

三浦清一郎著…人間は自然、教育は手入れ。子供は開墾前の田畑、退職者は休耕田。手入れを怠れば身体はガタガタ、精神はボケる。隠居文化が「社会参画」と「生涯現役」の妨げになっていることを厳しく指摘。

隠居文化と戦え 社会から離れず、楽をせず、健康寿命を延ばし、最後まで生き抜く

46判125頁／1360円

濱口晴彦編著…あなたは一人ではない。人と人がつながって、助け合い支え合う絆で結ばれたコミュニティがある。地域共同体・自治体経営のバイブルともいえる啓発の書！

コミュニティ学のススメ ところ定まればこころ定まる

46判339頁／1852円

ごとむく・文／いわぶちゆい・絵…大地に根を張り大きく伸びていく木々、咲き誇る花々、そこには妖精（フェアリー）たちがいる。「自然と共に生きること」がこの絵本で伝えたいメッセージである。薄墨桜に平和への祈りを込めて、未来の子どもたちに贈る絵本！

癒しの木龍神様と愛のふるさと ～未来の子どもたちへ～

B5判上製40頁／1600円

北村麻菜著…俳優に教育は必要か。小劇場に立つ若者たちは演技指導を重視し、「教育不要」と主張する。俳優教育機関が乱立する中で、真に求められる教えとは何か。取材をもとに、演劇という芸術を担う人材をいかに育てるべきかを解き明かす。

現代俳優教育論 ～教わらない俳優たち～

46判180頁／1528円

中本繁実著…アイデアひとつで誰でも稼げる。「頭」を使って「脳」を目覚めさせ、ロイヤリティー（特許実施料）で儲ける。得意な分野を活かして、地方創生・地域活性化を成功させよう！　1億総発明家時代へ向けての指南書。

発明！ ヒット商品の開発 アイデアに恋をして億万長者になろう！

46判288頁／2100円

炭焼三太郎・鈴木克也著…丹波山（たばやま）は山梨県の東北部に位置する山村である。本書は丹波山を訪れる人のガイドブックとすると同時に、丹波山の過去・現在・未来を総合的に考え、具体的な問題提起もあわせて収録。

観光立村！ 丹波山通行手形 都会人が山村の未来を切り拓く

46判159頁／1300円

日本地域社会研究所の好評図書

三浦清一郎著…もはや「待つ」時間は無い。地方創生の歯車を回したのは「消滅自治体」の公表である。日本国の均衡発展は、企業誘致でも補助金でもなく、「義務教育の地方分散化」の制度化こそが大事と説く話題の書！

「消滅自治体」は都会の子が救う　地方創生の原理と方法

46判116頁／1200円

山口典夫著…大物政治家、芸術家から街の人まで…。肖像写真の第一人者、愛知県春日井市の写真家が撮り続けた作品の集大成。モノクロ写真の深みと迫力が歴史を物語る一冊。

歴史を刻む！街の写真館　山口典夫の人像歌

A4判変型143頁／4800円

金岡雅文／作・木村昭平／画…学校も先生も雪ぐみもきらいな少年が、まちをあるいているとピエロさんにあった。ついていくとふかいふかい森の中に。そこには大きなはこがあって、中にはいっぱいのきぐるみが…。

ピエロさんについていくと

B5判32頁／1470円

原忠男編著／中本繁実監修…長年培ってきた知識と経験を生かして、個ビジネス、アイデア・発明ビジネス、コミュニティ・ビジネス…で、世のため人のため自分のために、大いに働こう！　第二の人生を謳歌する仲間からの体験記と応援メッセージ。

新戦力！働こう年金族　シニアの元気がニッポンを支える

46判238頁／1700円

宮田美恵子著…あの日、あの時、子どもたちが語った言葉、そこに込められた思いを忘れない。震災後の子どもを見守った筆者の記録をもとに、この先もやってくる震災に備え、考え、行動するための防災教育読本。

東日本大震災と子ども　～3・11 あの日から何が変わったか～

A5判81頁／926円

観光庁監修／日本地域社会研究所編…東京オリンピックへむけて日本が誇る土産物文化の総まとめ。地域ブランドの振興と訪日観光の促進のために、全国各地から選ばれた、おもてなしの逸品188点を一挙公開！

ニッポンのお・み・や・げ　魅力ある日本のおみやげコンテスト　2005年―2015年受賞作総覧

A5判130頁／1880円